AF185659

Jonny Roger Herrmann

Die sieben Schlüssel des Lebens

Der Weg zu einem gesunden und glücklichen Leben

www.tredition.de

© 2018 Jonny Roger Herrmann

Verlag und Druck: tredition GmbH, Hamburg

ISBN
Paperback: 978-3-7469-2377-2
Hardcover: 978-3-7469-2378-9
e-Book: 978-3-7469-2379-6

Das Werk, einschließlich seiner Teile, ist urheberrechtlich geschützt. Jede Verwertung ist ohne Zustimmung des Verlages und des Autors unzulässig. Dies gilt insbesondere für die elektronische oder sonstige Vervielfältigung, Übersetzung, Verbreitung und öffentliche Zugänglichmachung.

Die sieben Schlüssel des Lebens

Inhalt

Vorwort

Zurzeit überschlagen sich die Ereignisse auf unserem Planeten Erde.
Negative Nachrichten überschwemmen regelrecht das Internet und die Medien schüren Ängste.

Wir sind zu modernen Sklaven geworden. Konsumenten die manipulierbar sind. Immer mehr Menschen bekommen Krankheiten, die es früher nie gab.

Stress, Existenzängste und das Handy-Zeitalter sorgen für Depressionen und Kommunikationsarmut.

Es ist an der Zeit aufzuwachen aus dieser gelähmten Haltung. Wir können nicht auf einen Heiligen Geist warten, der eventuell unsere Erde rettet.

Das können wir nur selbst tun.

Jeder einzelne Mensch hat es selbst in der Hand, etwas zu verändern. Ob bei sich selbst oder in der ganz persönlichen kleinen Welt.

Dieses Buch wird Ihnen einen Weg zeigen, wie Sie selbst Ihre Situation so verändern können, dass Sie zukünftig zu den Gewinnern zählen.

Ich selbst bin den Weg bereits gegangen und führe heute ein gesundes und glückliches Leben in einer harmonischen Beziehung mit meiner Lebensgefährtin und zukünftigen Frau Alexandra.

Mir ist es ein Herzens-Anliegen, dass wir viele Gewinner werden. So kann unsere Welt Stück für Stück ein bisschen schöner und freundlicher werden.

Wenn viele Menschen einen wachen Geist haben, können wir uns zu einem großen, kollektiven Geist vereinen. Solange jedoch Menschen in Schmerzen, Schuldgefühlen und Ängsten stecken, können wir den kollektiven

Geist, der dringender gebraucht wird als je zuvor, nicht bilden. Denn wir tummeln uns auf verschiedenen Energie-Ebenen.

Sie wollen endlich aus den Lebensmustern der täglichen Zwänge heraus? Sie wollen raus aus der Frustration, den Existenzängsten, dem Selbsthass und der eigenen Verachtung?

Da kann ich Ihnen nur gratulieren!
Sie haben ein Buch in der Hand, das Ihnen hilft Ihre persönlichen Probleme zu überwinden und Sie in eine neue Freiheit und Unabhängigkeit führt.

Dieses Buch beschreibt einen Weg der Einfachheit. Ich habe bereits viele Bücher gelesen, die sich mit dem Leben beschäftigen.

Entweder waren die Bücher zu esoterisch, zu wissenschaftlich oder zu kompliziert. Es gab nur wenige Bücher, die für mich wirkliche Wegweiser waren.

Viele Jahre war ich selbst ein Suchender nach Liebe, Wertschätzung, Glück, Freiheit und Unabhängigkeit.

Meine Erziehung in jungen Jahren ließ mich lange glauben, dass ich nichts tauge und nicht mal den Dreck unter den Fingernägeln wert sei. Alles was ich irgendwie begann, brachte ich nie zu Ende. Mir gefiel dieser Zustand gar nicht. Es führte mich zu Depressionen und Ausweglosigkeit! Ich kenne dieses Gefühl zu gut. Sie werden einiges über mein bewegtes Leben in diesem Buch erfahren, damit Sie sehen, dass alles möglich ist.
Ich half mir intuitiv selbst aus der Misere und lernte später einen hervorragenden Mental-Trainer kennen, der mir zwei Jahre beibrachte, wie ich zu meinem wirklichen Sein kommen konnte und welche großartigen Fähigkeiten ein Mensch haben kann, wenn der Glaube an sich selbst stark genug ist.

Nach der 2-jährigen Akademie bei meinem Mentor und Trainer ging ich meine eigenen

Wege. Ich wollte kein ewiger Schüler bleiben, sondern mit dem Wissen meinen eigenen Weg finden und gehen. Ich begann zu begreifen, dass ich klare Ziele brauchte, um mein Leben zu kreieren.

Meine einjährige intensive tägliche Forschung mit fast 60 Menschen zum Thema kollektiver Geist und deren Wirksamkeit innerhalb der Akademie meines Mentors, sind eine wahre Schatztruhe, die ich immer bei mir habe. Wie viele sogenannte Wunder sind durch die Glaubenskraft des Einzelnen passiert!!

Die zwei größten Ereignisse waren, dass ein Rollstuhlfahrer aufstand und plötzlich ein paar Schritte gehen konnte und eine Frau, die bereits von den Notärzten für tot erklärt wurde und nach 10 Minuten ins Leben zurück kam, ohne bleibende Hirnschäden!

Bei beiden Ereignissen gab es viele Augenzeugen.

Wir müssen nicht alles erklären können, wie es funktioniert. Wir dürfen uns freuen und dankbar sein, dass es funktioniert.

Meine Idee, die aus dem erlernten Wissen und meinen eigenen Lebenserfahrungen entstand, gab mir den Anlass, ein eigenes Werkzeug zu entwickeln, welches einfach und leicht umgesetzt werden kann.

Ich nenne mein Tool heute liebevoll **„Lebenstransformer"**.

Dieser wandelt von alte in neue Glaubensmuster um, die wiederum Ihr Leben grundsätzlich verändern.

Grundlagen sind das Prinzip von Ursache und Wirkung und das Resonanzgesetz. Beides Naturgesetze, die man nicht manipulieren kann.

Mit diesem Buch bekommen Sie eine Anleitung, wie Sie sich endgültig aus Ihren alten Glaubens-Mustern bewusst befreien können. Hier und jetzt! Sie treffen die Entscheidung. Alles beginnt mit Ihrem handeln.

Ich widme dieses Buch auch meiner Lebensgefährtin und zukünftigen Frau Alexandra Knauf. Sie hat mich bestärkt, dieses Buch zu schreiben. Ich bin Ihr dafür sehr dankbar!

Sie ist in unserer sehr harmonischen Beziehung eine Partnerin, mit der ich das erste Mal Urvertrauen lebe. Wir beide sind nicht in einer Angst den anderen zu verlieren. Das Besitzdenken haben wir nicht.

Es gibt Menschen die uns fragen, ob wir nicht einmal eifersüchtig wären. Nein, denn Eifersucht hat nichts mit wahrer Liebe zu tun. Unsere Liebe lässt uns gegenseitig entwickeln und in einer gemeinsamen, wunderbaren Freiheit leben.

Wir können das so leben, weil wir bereits unsere alten konditionierten Glaubens-Muster losgelassen haben. Ein wichtiger Schritt jeden Moment zu genießen.

Die Vergangenheit hat uns Fehler machen lassen, aus denen wir lernen durften. Wir haben das, was uns nach vorn gebracht hat weiter entwickelt und Dinge, die uns haben stagnieren lassen, in Dankbarkeit losgelassen. Es war nicht immer einfach, weil wir zu komplex gedacht haben.

Heute wissen wir, dass oft die einfachen Lösungen die Fortschritte in unserem Leben brachten und zukünftig bringen werden.

Ich werde nicht aufgeben, vielen Menschen die Augen zu öffnen, um aus Suchenden Wissende werden zu lassen. Die Wissenden werde ich auch zur Weisheit führen.

Weisheit ist nichts anderes als angewandtes Wissen.

Ganz einfach! Kompliziert denken war gestern, einfach ist heute!

Liebe Leserinnen und Leser, ich wünsche Ihnen von Herzen, dass Sie mit diesem Buch Ihre neuen Wege gehen und sich öffnen für ein gesundes und glückliches Leben.

Das Buch hat nach jedem Kapitel zwei leere Seiten für Sie reserviert. Schreiben Sie Ihre ganz persönlichen Gedanken hinein. Meinen Erfahrungen nach, werfen wir Notizen auf irgendeinem Papier schneller weg, als ein Buch.

Sie können zum Beispiel nach einem Jahr Ihre Gedanken in diesem Buch lesen. So wird Ihr Fortschritt sichtbar. Es ist Ihre ganz persönliche und individuelle Veränderung, die Sie nun nachvollziehen können. Sie werden ein aktiver Teil des Buches.

Nun beginnt Ihre ganz individuelle Reise! Sein Sie offen für die Einfachheit und für das Neue!

Ihr Lebensprofiler
Jonny Roger Herrmann

Einleitung

Der Weg ist das Ziel. So habe ich es oft gelesen oder gehört. Jedoch sind die Wege so unterschiedlich, wie es Menschen gibt. Wir folgen unserer eigenen Intuition, unserem eigenen biologischen Rhythmus und unseren Möglichkeiten. Jeder Mensch trifft eigene Entscheidungen, ob etwas richtig oder falsch ist.

Ich habe einige Menschen kennen gelernt, welche viel Geld ausgegeben haben, um Seminare von großen Rednern zu folgen. Sie haben viel Wissen angehäuft und sind nicht in die Weisheit gekommen. Was nützt das unbändige Wissen, wenn es nicht in die Anwendung kommt? Was nützt mir das Hoch nach einem Motivations-Seminar, wenn eine Woche später nichts mehr von dem Zauber zu spüren ist und ich in alte konditionierte Glaubens-Muster verfalle? Mal ehrlich, wollen Sie wirklich etwas in Ihrem Leben verändern?

Wollen Sie wirklich ein gesundes und glückliches Leben? Wollen Sie ein Gewinner sein?

Um wirkliche Veränderungen zu erleben, ist es an Ihnen bereit zu sein, mit sich selbst zu arbeiten.

Alles beginnt bei Ihnen selbst – eine uralte Erkenntnis, die eine besondere Wahrheit in sich trägt.

Niemand kann für Sie die Entscheidung treffen oder die Verantwortung übernehmen. Nur Sie selbst können in die Handlung gehen. Menschen können nur sich selbst heilen. Niemand wird sie von außen heilen können. Von außen können Sie nur unterstützende Hilfe bekommen, um Ihre eigenen Heilprozesse anzukurbeln. Sei es mit gesunder Ernährung, Bewegung oder anderen Formen, die Ihr Immunsystem stärken.

Damit Sie verstehen, wie ich auf die ganzheitliche einfache Lösung kam und wie ich vom Suchenden zu einem Gewinner wurde, werde ich Ihnen Auszüge aus meinem Leben erzählen. So können Sie nachvollziehen, dass es sich lohnt, nie aufzugeben und mutige Schritte zu gehen.

Alles was Sie brauchen ist bereits in Ihnen vorhanden. Sie haben nur noch nicht den festen Glauben an sich selbst gefunden, um in die Umsetzung zu gehen. Mit dem Lebenstransformer werden Sie völlig neue Sichtweisen erhalten. Es sind drei Wochen, die Sie intensiv mit sich selbst arbeiten werden. Drei Wochen, die Ihre bisherigen Sichtweisen und Überzeugungen auf den Prüfstand stellen. Sie werden Ihr eigener Beobachter und Kritiker sein. Es geht um Ihr Leben!

Wenn Sie zufrieden sind, mit Ihrem Leben wie es ist, dann geben Sie bitte das Buch an jemanden weiter, der es Ihrer Meinung nach brauchen könnte. Sind Sie nicht zufrieden mit Ihrem Leben, dann sehen Sie das Buch, als Ihre Chance jetzt etwas zu verändern. Stehen Sie auf und beginnen Sie endlich Ihr Leben zu leben!

Gehen Sie in die Aktion, statt nur auf Situationen zu reagieren. Ein Agierender ist immer der Bestimmende im Leben. Sind Sie Gewinner oder Verlierer? Sieger oder Opfer? Was wollen Sie sein?

Lernen Sie wieder Urvertrauen zu sich selbst zu haben. Sie sind mit allen Fähigkeiten und Eigenschaften ausgestattet, die Sie auf Ihrem Weg brauchen.

Ich freue mich jetzt schon auf Ihre Erfolge! Nun beginnen wir mit dem Wesentlichen! Sie sind bereit?

Der Lebenstransformer
und die Anwendung

Einfachheit und Effektivität bilden die Grundlage für meinen Lebenstransformer, den ich Ihnen an die Hand geben möchte.
Bevor ich näher darauf eingehe, möchte ich erst einmal mit Ihnen näher zusammenrücken.
Deshalb werde ich nun auf ein respektvolles und wertschätzendes „Du" wechseln. Dieses formelle „Sie" werde ich jetzt verabschieden.

Du hast Dir dieses Buch gekauft, weil Du bereits eine Entscheidung getroffen hast. Instinktiv hat Dich mein Buch angezogen. Du möchtest Dein Leben so verändern, dass Du zu den glücklichen Gewinnern zählst. Das ist gut so. Wir brauchen viele mutige Menschen, damit unsere Welt schöner wird.
Beginne Deine kleine Welt selbst zu kreieren. Du bist ein einzigartiges Wesen und hast alles bereits in Dir, denn Du bist ein Schöpfer Deiner selbst.

Kennst Du den Spruch: `Man sieht den Wald vor lauter Bäumen nicht`? Der Schreiber meinte wohl damit, dass wir dazu neigen viel zu komplex zu denken, obwohl die Lösung genau vor der Nase ist. Diese Erfahrungen durfte ich selbst machen. Die einfachsten Lösungen waren und sind oft die effektivsten.

Warum können so viele Menschen ihre wirklichen Träume nicht leben? Warum kommen so viele Menschen nicht ins Handeln? Ist die Not oder der Schmerz noch nicht groß genug, um die Entscheidung zu treffen, etwas zu verändern?

Durch diese Art Fragen kam ich auf die tiefsten Fragen aller Fragen: `Glaubst Du an dich? `, ´Liebst Du dich selbst? ´, Bist du es Dir wert? `. Auf der Suche nach Antworten kam ich unweigerlich auf das Thema der negativen und positiven Glaubenssätze. Glaubenssätze haben Einfluss auf unser Denken und Handeln. Ich begann zu begreifen, dass der Verstand nur einen minimalen Teil von unserem Geist ausmacht. Das Unterbewusstsein ist ein viel größeres Instrument unseres geistigen Bewusstseins. Hier verbergen sich oft alte und geprägte Muster.

Es gibt Erziehungsmuster, generationsübergreifende Muster, gesellschaftliche Muster und vieles mehr.
Für uns spielen Prägungen eine große Rolle. Wir folgen unseren konditionierten Mustern bis wir erfahren, dass es noch viel mehr Möglichkeiten gibt, das Leben zu gestalten.

Manchmal widerspricht in einer Situation Dein Instinkt. Jedoch Du machst weiter wie bisher, weil es deine Familie schon immer so gemacht hat. Wir haben aufgehört zu hinterfragen und das Urvertrauen zu unseren Instinkten verloren. Ein Zustand den ich so nicht hinnehmen konnte. Wenn mein Herz und mein Instinkt etwas anderes sagen, warum folge ich dem nicht?

Die Antwort ist einfach!

Hinter jedem Problem, was uns unüberwindbar erscheint, steckt in Wirklichkeit ein geprägter negativer Glaubenssatz, der uns hindert, das Problem an der Wurzel zu packen. Wir sind von Anfang an darauf trainiert worden, Logik und analytisches Denken zu bevorzugen. Es beginnt bereits im Kindergarten. Wir werden nicht geschult unseren Instinkten zu lauschen und unseren Gefühlen zu vertrauen, sondern den Erwachsenen zu gehorchen.

Auf meiner Reise als Suchender, stieß ich auf Dokumentationen von Urvölkern. Die Geschichten von Indianer-Stämmen, Tibetern und anderen Naturvölkern, hatten und haben eines gemeinsam: Sie waren und sind gesünder und glücklicher als wir in den hoch entwickelten Industrieländern. Sie leben einfach und mit der Natur. Sie folgen noch ihren Instinkten und können in der Einfachheit ein glückliches Leben führen. Sie haben noch einen kollektiven Geist.

Das hat mich inspiriert und fasziniert.

Nun, die meisten Menschen leben in hoch entwickelten Industrieländern. Nicht jeder mag auf all diese Entwicklungen verzichten. Technologien, die uns Menschen dienlich sind, sollen und dürfen uns weiter einen Mehrwehrt bringen. Es ist jedoch so, dass es ganz klare Unterschiede gibt zwischen einfach lebenden Völkern und hochindustrialisierten Gesellschaften.

Einfache Natur-Völker kennen viele Erkrankungen gar nicht, mit denen wir hier kämpfen. Krebs ist so ein Beispiel. Eine Krankheit, die es wohl nur in unserer Welt gibt. Umweltbelastung, Stress, ungesunde Ernährung und die gesellschaftlichen Entwicklungen führten zu dieser Tatsache. Sie wissen es sicher bereits selbst.

Nach der faszinierenden Reise der Lebensmuster verschiedener Völker, kam ich auch auf generationsübergreifende Erziehung und Prägungen. Die Eltern geben ihr Wissen an ihre Kinder weiter, genauso wie sie es auch von ihren Eltern lernten. So wurde Naturheilkunde weitergegeben und Lebensmuster geprägt. In vielen Völkern hat die Familie einen anderen Stellenwert als zum Beispiel in Deutschland. Unweigerlich landete ich bei den Glaubensmustern, die in der Lage sind, die Individualität jedes Einzelnen zu beeinflussen. Es gibt positive sowie negative Glaubensmuster, die bewusst oder unbewusst in uns gespeichert sind.

Mit dieser Erkenntnis begann ich negative Glaubenssätze zu sammeln. Denn diese sind zu 99 Prozent der Grund, dass wir oft das Gefühl haben, dass etwas nicht richtig läuft und gehemmt werden, unsere Träume zu verwirklichen. Alle Lebensbereiche wie Beziehung, Business, Gesundheit und so weiter, wurden für mich interessant.

Aus meinen gesammelten negativen Glaubenssätzen, konnte ich ein Schema erkennen. Die über 2000 gesammelten Sätze, ließen sich unter sieben Haupt-Kategorien unterordnen. Diese haben Einfluss auf jeden Bereich in unserem Leben. Egal ob es um Beziehung, Gesundheit, Arbeit oder andere Bereiche des Lebens geht. Die sieben Haupt-Kategorien wandelte ich in tiefgreifende positive Glaubenssätze um.

Das war für mich der Schlüssel!

Für mich war das so sensationell, dass ich es gleich selbst testete. Unglaublich was sich bei mir, mit der Anwendung meines eigenen entwickelten Lebenstransformers, gewandelt hat!!!

Nun war und bin ich mir ganz sicher, dass ich die sieben Schlüssel des Lebens gefunden habe, die das Leben positiv verändern können. Ich testete diese Methode an freiwilligen Probanden mit einhundert Prozent vollem Erfolg! Bingo!

Also was jetzt auf Dich zukommt sind die Schlüssel für Deine ganz persönliche Lebens-Veränderung! Du kannst nicht in der Stagnation bleiben. Es geht nicht! Wenn es keine positiven Veränderungen bei Dir gibt, dann hast du keine Lust irgendetwas zu verändern. Du wirst in den alten Mustern bleiben und den gewohnten Strom nachlaufen. Ein moderner Sklave, wie die Monopole es sich wünschen.

Wenn Du es jedoch leid bist ein ewig höriger Sklave ohne Selbstwertgefühl zu sein, dann steh auf und fange an Dein Leben wieder in die eigenen Hände zu nehmen. Du kannst selbst bestimmen, wie deine kleine Welt aussehen soll.

Es ist oft schwer die eigenen Mauern zu durchbrechen. Was werden meine Freunde von mir denken? Was sagen die Nachbarn? Was wird passieren, wenn ich mich verändere? Du denkst vielleicht, dass alles doch ganz gut ist, so wie es jetzt ist. Es gibt ja Leute, die schlimmer dran sind als Du. Aber bist Du glücklich? Bist Du da, wo du immer sein wolltest?

Denke ausnahmsweise einmal nur an Dich. Was fühlst du? Was ist Dir wichtig? Was sind Deine

Träume? Warum bist Du noch nicht da wo Du sein willst?

Es ist an der Zeit DEIN Leben zu leben!

Trenne Dich von Menschen, die Dir Deine Energie rauben. Nimm Freunde ernst, die Dich in deinen Vorhaben unterstützen wollen. Schreibe auf, was Du in Deinem Leben hasst und was Dir gefällt. Ein erster Schritt die Richtung zu ändern. Schreibe klare Ziele auf, die Du erreichen möchtest. Umso klarer, desto besser. Die nächsten freien Seiten werden Dir den Platz dafür geben.

Nun zur einfachen Anwendung der ´sieben Schlüssel des Lebens´ die aus den sieben positiven Haupt-Glaubenssätzen bestehen. Es ist kein Geheimnis mehr, dass wir jede Unwahrheit zu einer Wahrheit werden lassen können.

Wenn Dir immer wieder von unterschiedlichen Menschen gesagt wird, dass Du zum Beispiel eine zauberhafte Stimme hast, wirst Du dem sicher bald Glauben schenken. Es braucht nur eine häufige Wiederholung und Präsenz und Du wirst zu mindestens darüber nachdenken. Vielleicht gehst Du sogar weiter und beginnst mit Deiner Stimme etwas Großartiges zu kreieren.

Kennst Du einen Ohrwurm? Es sind Lieder oder Texte, die sich in Deinem Gehirn festgesetzt haben. Dieser Ohrwurm hat Dich vielleicht emotional total berührt oder Du verknüpfst mit dem Lied ein Ereignis aus Deinem Leben. Die Werbung nutzt die Technik der Suggestionen. Deshalb weiß heute jedes Kind, dass die Spalttablette bei Kopfschmerzen hilft. Ob es der Wahrheit entspricht oder nicht.

Wir können unser Leben zu jeder Zeit und in jedem Moment eine neue Richtung geben.

Wenn ich an meine Kindheit zurückdenke, habe ich sehr oft gehört, dass ich nichts tauge. Irgendwann habe ich es auch geglaubt. Kennst

Du aus Deiner Vergangenheit auch so einen Satz?

Es gibt zahlreiche Studien von anerkannten Wissenschaftlern, die bestätigen, dass man Unwahrheiten zu Wahrheiten werden lassen kann. Selbst der berühmte Quantenphysiker Max Planck sagte einmal: „Materie folgt dem Geist".

Wenn wir davon ausgehen, dass wir aus einigen Trilliarden kleinster Zellen bestehen und wir ein energetischer Körper sind, dann ist auch klar, dass wir mit allen Energien der Mutter Erde und des Universums verbunden sind. Klänge, Energiewellen und Worte können auf unseren Geisteszustand Einfluss nehmen. Entscheidend sind auch die Emotionen, die wir mit erlebten Momenten verbinden.

Genau diese Tatsachen habe ich mir für die sieben Schlüssel des Lebens zu Nutze gemacht. All mein Wissen, was ich mit den Jahren erlangt und praktisch getestet habe, möchte ich nun in der Einfachheit weitergeben.

Für mich ist es wichtig, dass so viele Menschen wie möglich mit diesen Schlüsseln in ein gesundes und glückliches Leben kommen.
Selbst Kinder sollen es verstehen können.
Du hast es in der Hand, Dein Leben grundlegend positiv zu verändern. Du hast das Recht zu erfahren, was alles möglich ist, wenn Du eine Entscheidung triffst.

Alles beginnt bei Dir!

Im Außen richtet sich alles nach Deinem Inneren.

Ich schenke Dir nun ein wertvolles Gebet. Ein Gebet, das keiner Religion, keiner Gesellschaft und keinem Glauben angehört.

Es ist Dein Gebet! Nur für Dich bestimmt!

Du kannst es anwenden so viel Du willst. Du kannst es singen, mit Deiner Lieblingsmusik verknüpfen oder in einer Meditation verwenden. Ich kenne Deine Vorlieben nicht.

Gläubige Völker nutzen z. B. Gebetsketten. Jeder Stein ein Vers.
Sei kreativ und folge Deinem Herzen!

Wichtig ist jetzt, dass dieses Gebet täglich Dein bester Freund ist. Verbinde Dich mit Deinen Gedanken, Deinen Worten, Deinen Gefühlen, Deiner Musik und Deinen Vorlieben so häufig wie möglich mit diesem, Deinem Gebet.

Die nächsten drei Wochen sollte die Beziehung mit Deinem neuen Freund, dem Gebet, so intensiv wie möglich sein.

Am Anfang ist es ganz normal, wenn Du nicht sofort eine innige Beziehung zu einzelnen Schlüsseln hast. Vielleicht verspürst Du sogar eine Abneigung. Ich kann Dir nur eines sagen: Bleibe dran!!

Dieser Freund wird Dir bald neue Gefühle, neue Sichtweisen und neue Lösungen für Dein wertvolles Leben präsentieren. Nach meinen Erfahrungen wird es nach circa zwei Wochen zu emotionalen Gefühlen kommen. Jeder Satz in Deinem Gebet, wird ein Auslöser für positive Veränderungen in Deinem Leben sein!

Du wirst durch neue Sichtweisen auf einmal andere Menschen kennen lernen. Sie werden von Deiner neuen Ausstrahlung angezogen. Es werden Menschen sein, die Dich weiter bringen als je zu vor.

Ich spreche hier von dem Resonanzgesetz, das Gesetz der Anziehung. Es bedeutet, was Du aussendest, bekommst du zurück. Wir alle sind Sender und Empfänger.

Stell Dir mal vor, jeder von uns würde Franz Beckenbauer mögen oder jeder würde nur einem einzigen Schamanen folgen. Wie langweilig wäre unsere Welt!

Wir sind Individuen mit besonderen Fähigkeiten und Talenten, die dem Allgemeinwohl der Menschheit einen Mehrwert bringen. Jeder sollte das tun, was er am besten kann.

Mit diesen sieben Schlüsseln des Lebens wirst Du unter anderem ganz automatisch Deine Selbstheilungskräfte aktivieren. Hast du jemals einen glücklichen Menschen gesehen, der gleichzeitig krank war?

Was sind denn die häufigsten Hauptursachen für Erkrankungen? Ich sage es Dir gerne. Es sind Ängste, Selbstzweifel, Hass, Stress, Schuldgefühle und das Gefühl der Wertlosigkeit.

Das Gefühl nicht gebraucht zu werden oder nicht gesehen zu werden, können Auslöser für starke Depressionen sein. In den meisten Fällen werden die Menschen dann mit Medikamenten ruhig gestellt. Aber die Hauptursache ist nicht eliminiert worden. Also ein guter Langzeit-Patient, mit dem sich Geld verdienen lässt!

Die häufigsten Erkrankungen, die vom Körper ausgestrahlt werden sind neurologischen Ursprungs. Das ist meine Überzeugung.

Nun zurück zu Deinem Gebet. Das Gebet besteht aus den sieben Hauptsätzen, die aus der Umkehrung von über 2000 negativen Glaubenssätzen entstanden sind.

Es folgt einer Synergie und ist absichtlich genau in dieser Reihenfolge geschrieben. Was hinter jedem einzelnen Schlüssel steckt, liest Du in den nächsten Kapiteln. Jedes Kapitel wird sich mit einem der Schlüssel eingehend beschäftigen.

Dein Gebet mit den sieben Schlüsseln des Lebens:

- Ich liebe mich!
- Ich liebe meinen Körper!
- Ich heile mich!
- Ich bin wertvoll!
- Ich bin selbstbewusst!
- Ich bin glücklich!
- Ich bin dankbar!

Deine Vorteile die sich aus der neuen Wahrheit
dieser Schlüssel ergeben:

- Du bist in Deiner Selbstliebe und schenkst
  Dir selbst mehr Beachtung. Dein
  Erscheinungsbild wird sich verändern. Du
  wirst Deinen eigenen Intuitionen folgen.
- Du wirst Deinem Körper mehr
  Aufmerksamkeit schenken und Signale
  Deines Körpers wahrnehmen.
- Du wirst Dich gesünder fühlen als jemals
  zuvor. Du wirst einen Energieüberschuss
  haben.
- Du wirst Dich nicht mehr wertlos fühlen.
  Du wirst Dich neu positionieren und
  DEINEN Weg gehen. Mutig wirst Du Dich
  von einengenden Ketten befreien und
  Deine neu gewonnene Freiheit genießen.
- Du wirst in Zukunft erscheinen mit
  erhobenen Haupt. Dir wird man Beachtung
  schenken und Du wirst von deiner Umwelt
  wahr genommen.
- Mit deiner glücklichen Ausstrahlung bist
  Du ein Magnet geworden. Das

Glücksgefühl lässt Dich neue Wege
erkunden.
- Du bist nicht mehr auf Lob Anderer
  angewiesen. Du brauchst Dich für Lob
  nicht mehr verbiegen. Du kannst Dir selbst
  für jeden persönlichen Fortschritt danken
  und Dir auf die Schulter klopfen.

Diese sieben Punkte sind nur einige Vorteile. Es
sind noch viele mehr.

Aber erlebe es selbst.
Mache Deine eigenen Erfahrungen.
Später magst Du diese vielleicht mit mir teilen.

Dann sende Deine Erfahrungen gerne an
info@agentur-leben.com.

Ich freue mich heute schon auf Deine
Geschichte.

„*Die wahre Liebe*

fühlst und

erlebst Du,

wenn Du Dich

dem Leben mit

Selbstliebe

öffnest"

Ich liebe mich
Der erste Schlüssel des Lebens

Der erste Schlüssel ist auch gleichzeitig das Fundament von allen anderen Schlüsseln. Selbstliebe ist ein wichtiger Bestandteil für Herzens-Entscheidungen und eine wichtige Grundlage für Deine Gesundheit und ein wirklich glückliches Leben.

Es gibt Kritiker, die der Meinung sind, dass Selbstliebe sehr egoistisch wäre. Ihnen sei gesagt, dass sie sich das Thema Egoismus nochmal genauer anschauen sollen.

Die meisten meiner Klienten hatten genau mit diesem Satz ihre größten Probleme. Es viel ihnen schwer zu sagen: „Ich liebe mich!" Es fühlte sich wie ein Satz an, der ohne Emotion war. Eine Unwahrheit.
Stelle Dir vor, wie Du die Dinge in Deiner Welt betrachten würdest, wenn Du diese in Liebe sehen und fühlen könntest!

Jetzt frage ich Dich: „Wenn Du Dich nicht liebst, wie kannst Du eine Beziehung mit einem anderen Menschen leben?"

Wir alle sehnen uns nach Liebe und sind deprimiert, wenn wir sie nicht erhalten. Du bist jedoch die Ursache dafür, dass Du sie nicht erhältst. Ja du liest richtig!

Wie willst Du Impulse für Liebe setzen oder Liebe empfangen, wenn Du Dich nicht mal selbst liebst? Was ist der Grund, dass Du Dich nicht magst? Vielleicht fallen Dir jetzt tausend Gründe ein. Schreibe die wichtigsten Punkte für Dich auf. Danach schreibe auf, wofür Du Dich lieben könntest. Jeder spontane Gedanke ist wichtig.

Frage einmal Deine Familie oder gute Freunde, warum sie Dich lieben. Bestimmt ist es für Dich interessant, wie diese Menschen Dich sehen und was sie über Dich denken.
Bist Du jemand, bei dem jede Beziehung nach einer bestimmten Zeit immer wieder in die

Brüche geht? Hast Du bereits eine Idee, woran das liegen könnte?

Wenn dieser fundamentale Satz eine Wahrheit für Dich geworden ist, werden sich sehr viele Dinge in Deinem Leben ändern. Deine Wahrnehmung, Deine Gefühle, Deine Ausstrahlung und mehr.

Hast Du einmal einen Menschen gesehen, der frisch verliebt war? Diese Ausstrahlung meine ich. Ein breites Grinsen im Gesicht, ein Leuchten in den Augen, eine gefühlte Leichtigkeit…. Diese Momente der Zufriedenheit sind Momente, die Dich in sich ruhen lassen oder die Dich anspornen etwas Großartiges zu tun. Wer möchte das nicht?

Umso erschreckender ist, dass es nur wenige Menschen gibt, die in der Selbstliebe sind und diese leben. Wenn wir Liebe erfahren wollen, müssen wir auch in der Lage sein, Liebe zu geben. Bist du jedoch außerhalb Deiner Liebe, wie willst Du Liebe geben? Wahre Liebe kann nur von Dir aus kommen und im Außen eine Wirkung haben.

Viele Menschen haben große Sehnsucht nach Liebe. Die Sehnsucht, die viel Schmerz verursachen kann. Es ist sehr natürlich, dass wir geliebt werden wollen. Du kannst diesen Schmerz umkehren, indem Du beginnst Dich im ersten Schritt selbst zu lieben.

Mit der Liebe zu Dir selbst wirst Du eine neue wunderbare Klarheit über Dein Leben bekommen. Gefühle ohne Liebe sind nur kalte Schatten Deiner selbst.
Die Liebe ist die Quelle von Mut, Kraft, Freude, Vertrauen, Wahrheit und Gesundheit. Der Verstand kann uns irritieren, aber das Herz nicht.

Wusstest Du, dass das Herz viel mehr Energie nach außen ausstrahlt als das Gehirn? Dies lässt sich heute messen und nachweisen. Alles was Du aus wahrer Liebe aus Deinem Herzen tust, lässt Dich Erfolg haben. Halbherzige Dinge sind meistens nur kurzfristig erfolgreich. Das ist eine Tatsache, die sich nicht ändern wird.

Du möchtest aber langfristig und nachhaltig ein gesundes und glückliches Leben haben? Es ist möglich!

Du hast nun die Chance durch intensive drei Wochen mit den sieben Schlüsseln in die Selbstliebe zu kommen. Du wirst wunderbare Erfahrungen in der neuen Wahrheit machen. Du wirst Dinge wahrnehmen, die Du vielleicht noch nie gesehen, gehört oder gefühlt hast. Deine Haut wird Dir Signale senden, wenn Du die neue Wahrheit aufgenommen hast. Bei häufigen Wiederholungen der Sätze bekommst Du eine Gänsehaut.

Du kannst davon ausgehen, dass Dein Unterbewusstsein und Deine Körperzellen diese neue Wahrheit eingebunden haben.
Jede Deiner Zellen kann hören, essen und fühlen. Also ist es auch nicht verwunderlich, dass Zellen reagieren, wenn diese täglich

Selbsthass erfahren. Das äußert sich meistens in Form von Erkrankungen. Diese können sogar chronisch werden.

Eine lebensverneinende Form hat eben auch Wirkungen. Es kann eine bewusste oder auch eine unbewusste Form der Lebensverneinung sein. Spüren kannst Du es durch Mangel an Energie. Das ist ein Zeichen für zu viele Kompromisse gegen Dich selbst.
Selbstablehnung führt zur eigenen Sabotage.

Kompromisse gegen Dich selbst können zum Beispiel sein:

- Du bleibst mit Deinem Partner/in in einer nicht mehr funktionierenden Beziehung wegen der Kinder.
- Du gehst täglich zu einer Arbeit, obwohl Du die Tätigkeit schon lange hasst.
- Du wohnst in einer Umgebung, welches kein Heimatgefühl in Dir aufkommen lässt.

- Du umgibst Dich mit Freunden, obwohl sie Dich ausnutzen und Dir keinen Mehrwert bringen.

Komm raus aus dieser Situation der Verzweiflung und Hilflosigkeit. Aktiviere Deinen ersten Schlüssel! Erlange Deine Selbstliebe und Deinen Selbstrespekt. Lasse Dein Leben wieder Lebenswert sein.

Ich möchte Dir gerne eine Übung an die Hand geben. Schreibe auf Deine zur Verfügung stehenden Seiten folgendes:

- Was liebst Du an Dir am meisten?

- Was magst Du an Dir überhaupt nicht?

Deine Seite:

Deine Seite:

Auszug aus meinem Leben
Teil 1

Gleich zu Beginn möchte ich Dir einen Auszug aus meiner Kindheit offenbaren. Du sollst erkennen, dass es völlig egal ist, wie Deine Kindheit war. Du kannst alles erreichen, wenn Du an dich glaubst!

Mein Weg begann als Sieger. Von zig Millionen Samen war ich der, der sich durchgesetzt hatte. Als Sieger und Mädchen erblickte ich in einer Kleinstadt in der Nähe von Frankfurt/Oder, in einem sozialistischen System, an einem kalten Januar-Tag das Licht der Welt.
Meine alleinerziehende Mutter, die voll im Berufsleben stand, kümmerte sich die ersten Jahre um mich. Ihre Arbeit im Schicht-System erlaubte ihr nicht, sich eingehend mit mir zu beschäftigen. Oft übernahmen meine Oma und Opa die Aufsicht und Fürsorge.
Es kam vor, dass ich meine Mutter eine Woche nicht sah. Da Oma und Opa bereits sehr alt

waren, gab mich meine Mutter letzten Endes in ein Kinder-Wochenheim. Hier war ich mit 19 weiteren Kindern die nächsten Jahre bis zu meiner Einschulung. Die Bindung zu meiner Mutter litt unter der ständigen Trennung. An den Wochenenden bei denen ich nicht an Oma und Opa abgegeben wurde, fühlte ich bereits in jungen Jahren, dass ich für meine Mutter eine Last war. Ich liebte es bei Oma und Opa zu sein. Dort hatte ich eine Schaukel an einem großen Birnen-Baum und einen großen Roller mit gut aufgepumpten Schlauchreifen. Hier bekam ich oft mein Lieblingsessen und eine Umarmung war nicht selten. Ich fühlte mehr Liebe zu Oma und Opa als zu meiner Mutter. Meine Mutter erzählte mir einmal von ihrem Traum. Sie wollte immer Schauspielerin werden. Ihre Eltern jedoch waren dagegen. Schön war sie und Talent hätte sie sicher auch gehabt. Durch das Verbot erlernte meine Mutter den Beruf einer Kranführerin in einem Plattenwerk. Das hieß für sie auch Schichtbetrieb. Sie verdiente zwar gutes Geld, aber sie war alles andere als glücklich!

Meine Mutter begann mir immer häufiger offen zu zeigen, dass ich ein unerwünschtes Kind war. Unmissverständlich wurde mir mehrmals am Tag erklärt, wie unnütz ich doch wäre. So konnte ein Wochenende bei meiner Mutter unendlich lang werden. Ich war ein Kind, das sich auf jeden Montag freute, weil es dann wieder in das Kinderheim ging. Ich fühlte viel Kälte, ausgehend von meiner Mutter. Mein eher spärlich eingerichtetes Kinderzimmer wurde oft zu meinem Fluchtort. Mein Zimmer hatte ein Bett, einen kleinen Tisch, ein Stuhl und einen Kleiderschrank. Ein paar Buntstifte und Papier brachten mich dazu oft zu malen, wenn ich traurig oder verletzt war. Es half mir die Zeit zu verkürzen. In sehr jungen Jahren begann ich bereits über den Sinn des Lebens nachzudenken. Mit Beginn der Schulzeit begann die Abwechslung.

Neue Gesichter, neue Bezugspersonen und neue Regeln. Mit sieben Jahren war ich die Älteste in der Klasse. Aufgrund eines psychologischen Gutachtens wurde ich ein Jahr später eingeschult. Sehr schnell kannte ich meinen Schulweg genau und wurde auch bald nicht mehr begleitet. Ich brauchte zur Schule circa 30 Minuten zu Fuß. Der oft zu schwere Schulranzen war gegenüber der neu gewonnen Freiheit ein kleineres Übel. Das Lernen machte mir riesigen Spaß. Ich war neugierig auf alles. Die Schule ging bis 16.00 Uhr. Es war üblich, dass es ein warmes Mittagessen in der Schule gab. Meine Mutter lebte ihr Leben und ich meines. Schnell wurde ich sehr selbstständig und kümmerte mich um meine schulischen Belange. Meine Mutter unterschrieb lediglich die Zensuren und Einträge. Als ich noch in der ersten Klasse war, wurde meine Mutter wieder schwanger. Ich freute mich, bald nicht mehr allein zu sein. Ich hatte auch Hoffnung, dass sich durch das Baby für mich einiges ändern würde. Die vorsichtige Frage, ob ich den Papa auch mal kennen lernen dürfe, brachte mir eine Ohrfeige ein. Also fragte ich nicht mehr. Damit traute ich mich auch lange Zeit nicht, nach meinem eigenen Vater zu fragen, obwohl mich die Frage immer häufiger quälte.

Meine Schwester wurde geboren. Nun galt ihr alle Aufmerksamkeit. Sie war wirklich süß und so klein. Ich berührte sie ganz vorsichtig. Mit Adleraugen verfolgte meine Mutter jede meiner Handlungen mit meiner Schwester. Meine Schwester bekam ihr Bettchen im Schlafzimmer meiner Mutter.

Ich bekam nun mehr Aufgaben im Haushalt. Ich hatte die Toilette, den Flur und mein Zimmer sauber zu halten. Unsere gemeinsamen Stunden beschränkten sich auf das Frühstück und das Abendessen. Ich fühlte mich wie Luft und nicht wirklich wie ein vollwertiges Familienmitglied. Als meine Schwester in den Kindergarten kam, hatte ich bereits die dritte Klasse erreicht. Meine Noten verschlechterten sich zunehmend. Die Auseinandersetzungen zu Hause nahmen deutlich zu. Die Strafen für schlechte Noten nahmen immer üblere Formen an. Vom Essensentzug über Schläge mit dem Teppichausklopfer bis dahin, die eigene Wäsche mit dem Reibebrett zu waschen. Ich möchte Dir weitere Details der Erziehungsmethoden meiner

Mutter ersparen! Es geht nicht darum Dir meine Kindheit bis ins kleinste Detail darzustellen. Du sollst nur verstehen, warum ich zum Suchenden nach Liebe und Anerkennung geworden war. Ursache und Wirkung sind die Grundlage allen Seins.

Nachdem ich älter war, kam es zu zwei Eklats, die mir fast das Leben gekostet haben. Meine Mutter hatte einen neuen Lebensgefährten, den sie bald heiratete. Wir zogen zu seinem Haus in ein kleines Dörfchen mit circa 2000 Einwohnern. Dieser Mann war an Brutalität kaum zu überbieten. Sein stechender Blick jagte mir jedes Mal große Angst ein. Das Leid von meiner Schwester und mir wurde von Tag zu Tag unerträglicher. Es gab kaum noch Momente der Freude. Dafür viele Momente der Angst und der Tränen. Die Frage nach dem Sinn des Lebens kam immer häufiger. Warum bin ich hier auf diesem Planeten? Welchen Sinn hat mein Leben?

Der ständige Schmerz drängte mich dazu von zu Hause auszubrechen. Der Druck wurde so groß, dass ich es wagte ins Ungewisse, ohne Ziel zu verschwinden. Nach drei Tagen wurde ich von der Polizei aufgegriffen und wieder nach Hause gebracht. Es brachte mir ein, dass ich in meinem Zimmer eingeschlossen wurde, wenn meine Mutter und ihr Lebensgefährte ausgingen. Es begann also alles sehr still zu werden. Ich versuchte so unauffällig wie möglich zu sein. Mein Essen wurde mir jeden Tag pünktlich an einen separaten Platz im Flur gestellt. Das Haus hatte den Vorteil, dass mein Zimmer, vom Flur ausgehend, in der zweiten Etage war. Das Bad ging ebenfalls vom Flur in der ersten Etage ab. Eine Tür in der ersten Etage führte in das Wohnzimmer und der Küche meiner Mutter. Diesen Bereich betrat ich seit meinem 15. Lebensjahr nie mehr. Gemeinsames Essen oder gemeinsame Spiele-Abende gab es nicht. Meine Schwester bekam einen Internat-Platz an einer Schule in der Stadt und war nur am Wochenende zu Hause. Ich ging in eine 3 km entfernten Schule im nächst größeren Dorf. Ein Schulbus brachte uns Kinder hin und um

16.30 Uhr wieder zurück. Die Schule ging auch hier den ganzen Tag.

Bis zur 10. Klasse änderte sich nichts mehr. In dieser Schule stieß ich auf verständnisvolle Lehrer. Meine Noten wurden schlagartig besser. Für mich wurde die Schule zu meinem persönlichen Fluchtort. Ich nahm jeden Zirkel an, der von der Schule angeboten wurde. Ich lernte zeichnen, Gitarre spielen und war bei jeder Sportveranstaltung zu finden. Die Vielfältigkeit ließ mich viele Schmerzen für lange Momente vergessen.

Nach dem Abschluss der 10. Klasse mit einem sehr guten Durchschnitt wurde mein Wunsch nach Freiheit so groß, dass ich bei einer Nacht- und Nebelaktion im tiefsten Winter bei minus 15 Grad mit meinen wenigen Habseligkeiten das Haus meiner Mutter und ihres Lebensgefährten für immer verließ. Das war meine wirklich erste große Entscheidung, die aus meinem tiefsten Herzenswunsch und aus dem jahrelang geduldeten Schmerz entstand. Es brannte in meiner Seele. Das war mein Anfang von etwas Neuem, mir noch Unbekannten. Das Unbekannte machte mir keine Angst mehr. Ich war bereit, mein Leben selbst in die Hand zu nehmen.

Im Kapitel: „Meine Geschichte Teil 2" wirst Du mehr erfahren.

Es geht mir nicht darum, meine Geschichte aufzuarbeiten. Denn das habe ich bereits getan. Ich habe Frieden geschlossen mit meiner Vergangenheit. Ich bin dankbar, denn meine Erlebnisse haben mich stark gemacht! Ich möchte Dir nur klar machen: Egal in welchem Loch Du steckst, es gibt immer eine Lösung! Wenn die Not am größten ist, treffen die meisten Menschen eine Entscheidung und handeln. Aber warum so lange warten? Beginne heute!

„Die Schönheit

Deines Körpers

definiert sich

darüber,

wie Du diesen

selbst wahr

nimmst"

Ich liebe meinen Körper
Der zweite Schlüssel des Lebens

Wie oft hast Du folgende Aussagen schon gehört? „Du bist zu dick", „Du bist zu dünn", „Deine Nase ist schief" oder „Du läufst ganz schön krumm"...? Ich könnte unendlich fortfahren über äußerliche Makel.

Wir sind konditioniert den sogenannten Schönheitsidealen der Werbeindustrie zu folgen. Ich frage Dich, was ist in Deinen Augen ein schöner Körper? Schönheit ist so unterschiedlich, wie es Menschen gibt.

Wenn man nicht der Schönheitsideale der Werbemaschinerie folgt, wirst Du feststellen, dass Du nur dazu bewegt werden sollst zu konsumieren. Nehmen wir nur die vielen sinnlosen Diäten die jedes Jahr Milliarden Gewinne einfahren. Diese Diäten sind nutzlos und haben nur kurzfristige Erfolge. Das ist meine Meinung.

Auch die Kosmetik-Industrie möchte Dich als Konsument ihrer Cremes und Salben gegen Falten und Cellulitis gewinnen. Am Ende bleibst Du als gemolkener Konsument zurück.

Unser Körper ist ein gut funktionierendes Wunderwerk der Natur. Jeder Gedanke gegen Dich und Deinen Körper führt zu Blockaden und Unwohlsein. Emotionen haben einen großen Einfluss auf Deinen Körper. Wenn Du Dich zum Beispiel hässlich fühlst, wird dein Körper entsprechen reagieren. Ständige Unzufriedenheit über Deinen Körper macht Dich krank und lässt Dich in einer schlechten Lebensqualität leben.

Beginne die Schönheit Deines Körpers zu entdecken. Lege Deinen Focus nicht länger auf Deine vermeintlichen Mängel, sondern auf das was Dich so individuell erscheinen lässt. Wenn Du mit Deinem Körper nicht zufrieden bist, dann beginne zu überlegen, was Du tun kannst, um ein neues Körpergefühl zu erschaffen.

Es gibt Menschen, da draußen die ohne Gliedmaßen geboren sind und tausende Menschen mit ihrer Lebensenergie mitreißen und anderen Menschen Mut machen. Das sind für mich die wahren Vorbilder!
Beginne Dich von Mangel-Gedanken zu lösen. Sie dienen lediglich zur Kenntnisnahme. Fange an Lösungen für Deine Probleme zu suchen!

Verbinde Dich mit Menschen, die bereits die gleichen Probleme gelöst haben. Das Internet ist heute eine gute Quelle für viele Lösungen. Doch wenn Du Dich auf den Mangel konzentrierst, wirst Du keine der Lösungen finden!

Dein Körper ist Dein Instrument für Kommunikation, für Bewegung und für Deine Präsentation im Außen. Wir Menschen sind konditioniert in den ersten drei Sekunden zu bewerten, ob mein Gegenüber für mich interessant ist oder nicht. Das äußere Erscheinungsbild hinterlässt bereits einen ersten Eindruck. Es ist oberflächlich, jedoch tägliche Realität.

Selbst wenn Du Dich für einen Job bewirbst, ist Dein äußeres Erscheinungsbild für den Chef oder den Personalleiter ein erstes Kriterium. In einem Mangel-Denken wirst Du Dich sicher klein machen, obwohl Du für den Job mehr als geeignet wärst.

Deine Kleidung wird in diesem Zustand auch eher unauffällig ausgewählt. Nach dem Motto: „Nur nicht auffallen!" Unscheinbar bleiben. Bist Du es nicht leid immer wieder auf Ablehnung zu stoßen?
Beginne Deinen Körper für Dich zu nutzen. Sei Du selbst mit all Deinen äußerlichen Makeln!

Ein schönes Beispiel ist für mich Arnold Schwarzenegger. Er ist in meinen Augen wirklich nicht der Schönste. Aber er hat es geschafft mit seinem eisernen Willen und seinem Training einer der besten Schauspieler Hollywoods zu werden.

Dieser Schlüssel wird Deine Sichtweise und Dein Körpergefühl verändern. Deine Körperzellen werden die Information wohlwollend aufnehmen und entsprechend reagieren. Du bist ein Mensch mit einer einzigartigen Ausstrahlung.

Erlebe mit Deinem neuen Körpergefühl die Veränderungen im Innen wie im Außen.

- Du überdenkst automatisch Deine Ernährungsgewohnheiten.
- Du wirst eine intensivere Sexualität erleben.
- Deine Beziehungen bekommen eine neue Qualität.
- Du wirst Deine wahre Größe im Innen wie im Außen fühlen und zeigen können.
- Du wirst wieder ein attraktives Outfit wählen, denn Du musst dich nicht mehr verstecken.
- Dein Immunsystem wird hochfahren und Dir neue Energie geben.

Ich könnte mit der Aufzählung weiter fortfahren.

Du wirst es selbst erleben, was der Schlüssel bei Dir verändern wird. Ich kann Dir nur sagen: Bei mir war es gigantisch! Meine Veränderung hat mir sehr viel Lebensqualität gegeben.

Ich möchte Dir gerne eine Übung an die Hand geben. Schreibe auf Deine zur Verfügung stehenden Seiten folgendes:

- Was findest Du an Deinem Körper hässlich und warum?

- Was liebe ich an meinem Körper und warum?

- Schreibe Lösungen auf, wie Du die Punkte aus der ersten Frage eliminieren kannst.

Lese Teil 2 meiner persönlichen Geschichte. Diese hat mit meiner körperlichen Wahrnehmung bereits im Kindesalter zu tun.

Deine Seite:

Deine Seite:

Auszug aus meinem Leben
Teil 2

Die körperliche Wahrnehmung beginnt bereits in sehr jungen Jahren. Wir lernen die äußerlichen Unterschiede von Mädchen und Jungen kennen. Mit unserem Bewegungsdrang erfahren und fühlen wir, was unser Körper alles kann.

Ich habe mir selbst in sehr jungen Jahren die Frage gestellt, warum ich nicht als Junge geboren wurde. Es war eine Frage, die sich immer häufiger stellen sollte.

Durch meine Mutter in Röcke und Kleider gezwängt, fühlte ich mich immer verkleidet. Ich fühlte mich nie hübsch. Ich akzeptierte diesen Umstand, da ich keine Chance hatte zu widersprechen. Mit Hosen fühlte ich mich pudel wohl und war voller Energie und war in meinen Unternehmungen kaum zu bändigen. Oma und Opa ließen mich gewähren. Meine Mutter war wohl eher überfordert. Heute würde man sagen, dass ich ein hyperaktives Kind war.

Ich wurde älter und kam in die Pubertät. Es begannen die Brüste zu wachsen und die monatlichen Blutungen stellten sich ein. Für mich der Beginn eines langen Leidensweges!

Ich konnte und wollte meinen Körper nicht akzeptieren. Die Weiblichkeit wurde mehr und mehr sichtbar. Mein Körper und ich waren nicht eins! Das führte dazu, dass ich mich völlig zurück zog. Ich wurde zum Einzelgänger. In den Schulpausen wurde ich zum Beobachter, was die anderen treiben. Meine Traurigkeit darüber, dass ich als Mädchen geboren wurde, war riesengroß und schmerzte mich jeden Tag. Ich konnte mit niemanden über meine Gefühle sprechen, denn ich fühlte bereits, dass meine Gedanken über meinen Körper nicht normal waren. So behielt ich das Problem für mich und schaffte Kompromisse gegen mich selbst. Ich versuchte mit meinen Möglichkeiten, meine Weiblichkeit weniger sichtbar zu machen. Weite Oberbekleidung half mir dabei. Lehrer begannen auf mich aufmerksam zu werden. Das war sehr unangenehm. Sie stellten mir so viele Fragen. Ein Hausbesuch endete in einem Eklat. Der Lebensgefährte meiner Mutter setze meine Lehrerin einfach wieder vor die Tür. Die Erziehungsmethoden zu Hause und mein Problem trieben mich immer mehr in die höchste lebensverneinende Form: den Suizidgedanken. Meine Angst war groß, jedoch mein seelischer Schmerz war viel größer. Ich wollte so nicht mehr weiterleben. Mit dieser Aussichtslosigkeit startete ich meinen ersten Versuch allen Qualen ein Ende zu setzen. Es misslang und tat sehr weh. Mich verließ der Mut für einen zweiten Versuch. Wenn mein Schmerz mich wieder im Griff hatte, begann ich mir selbst Schmerzen zuzufügen. Ich verweigerte auch immer häufiger die Nahrungsaufnahme. Mein Zustand war mehr als desolat.

Meine noch sehr junge Musiklehrerin erkannte meine Situation. Sie begann besonderes Interesse für mich zu signalisieren. Ich begann ihr zu erzählen, was zu Hause los war. Meine

Erzählungen versetzten meine Musiklehrerin in Staunen und häufig schüttelte sie über das Gehörte den Kopf. Manchmal rang sie nach Worten des Trostes. Eines Tages bot sie mir an, dass ich bei ihr Gitarre spielen lernen konnte. Das fand ich spannend und nahm sofort an. Sie verlangte nichts dafür und wir begannen eine schöne Freundschaft. Ich hatte einen Menschen gefunden, der mir zuhörte. Bei jeder Gitarren-Stunde vergaß ich meinen Schmerz und all meine Probleme. Als ich 16 Jahre alt wurde, wurde die Musiklehrerin versetzt. Wir konnten unsere Stunden nicht mehr fortführen. Ich begann zu Hause eigene Lieder zu schreiben und Melodien dazu zu entwerfen. Mir gab es neue Kraft und war eine willkommene Ablenkung.

Das 10. Schuljahr neigte sich dem Ende. Die Abschlussprüfung bestand ich mit sehr guten Noten trotz all meiner Probleme. Das Abschluss-Zeugnis unterschrieb ich selbst. Meine Mutter hatte das Interesse an mir schon lange verloren. Es galt jetzt für mich die großen Ferien zu überwinden. Eine Ausbildungsstelle hatte ich bereits.

Am 1. September begann ich die Ausbildung zum Restaurantfachmann in der einer nächst größeren Stadt. Es war nicht mein Wunschberuf. Aber es gab nicht viele Wahlmöglichkeiten. Das Hotel stellte mir ein Zimmer zur Verfügung, damit ich nicht täglich den langen Heimweg antreten musste. Das war für mich ein Segen. Ich brauchte nur am Wochenende nach Hause. Jedoch machte mir die festgelegte Kleiderordnung Bluse und Rock zu schaffen. Ich fühlte mich nicht wohl. Mein Problem mit meinem Körper wurde wieder zur täglichen Auseinandersetzung. Ich konnte nichts dagegen tun! Ich fügte mich also meinem Schicksal. Eine abgeschlossene Ausbildung war für mich wichtig. Es wurde uns lange genug eingebläut, dass man ohne abgeschlossene Ausbildung ewig ein Hilfsarbeiter sein würde. Diese Vorstellung behagte mir gar nicht. Also verbannte ich mein Problem in die hinterste Ecke meines Gehirns. Ich konzentrierte mich auf die Inhalte der Ausbildung und gab mir die größte Mühe, gut zu sein.

Im Winter kam es dann zu meinem Ausbruch aus dem Haus meiner Mutter und des Lebensgefährten. So wie ich in Teil 1 bereits schrieb für immer. Ohne Geld und einer Sportasche mit meinen wenigen Habseligkeiten setzte ich mich in den ersten besten Zug, der da kam und reiste ohne Ziel in eine ungewisse Zukunft. Wie das Leben so spielt, fand ich in einer Ritze von meinem Sitz australische Dollar. Ich hatte so ein Geld noch nie in meinem Leben gesehen. Ich musste mich erst einmal schlau machen, was das für eine Währung war. Damit konnte ich in der ehemaligen DDR nur in sogenannten ´Inter-Shops´ einkaufen. Es war nicht viel Geld, aber es half mir für ein paar Tage mich zu ernähren. Irgendwo in Thüringen brach ich von jetzt auf gleich zusammen. Als ich wieder zu mir kam, befand ich mich in einer geschlossenen psychiatrischen Anstalt. Ich hatte keine Ahnung, was ich hier sollte. Mir wurden viele Fragen gestellt. Nachdem man die Adresse meiner Mutter herausgefunden hatte, wurde sie über meinen Aufenthalt in der Klinik informiert. Es kam keinerlei Reaktion. Ich wollte raus aus dieser Anstalt, denn ich war nicht krank.

In dieser Klinik lernte ich Menschen kennen mit den unterschiedlichsten Problemen. Ich fühlte mich völlig falsch hier. Nach vier Wochen eröffnete man mir, dass man mich wieder nach Hause entlassen würde. Das lehnte ich ab. Das veranlasste die Klinikleitung mir einen Beauftragten vom Jugendamt zu stellen. Nach mehreren Gesprächen bekam ich eine Unterkunft für die nächsten zwei Jahre in einem Internat für Abiturienten. Sie hatten keine Wohnung für mich. Ich war dankbar, endlich nie wieder nach Hause zu müssen. Ich arrangierte mich mit der Lösung. Nach weiteren Gesprächen mit dem Beauftragten wurde ein gerichtliches Verfahren gegen meine Mutter angestrebt. Es sollte geklärt werden, wer mein richtiger Vater war und eine Regelung für die Unterhaltszahlung während des Zeitraums meiner Ausbildung getroffen werden.

Mit 130 DDR-Mark kam ich nicht wirklich sehr weit, da wir Auszubildende unsere Kleidung selbst kaufen mussten. Ein Rock kostete schon 60 DDR-Mark. Es musste also etwas passieren, damit ich in der Lage war, meine Ausbildung zu beenden. Bei diesem Gerichtsverfahren sah ich meine Mutter das letzte Mal. Ich bekam meine Antworten. Nun wusste ich den Namen meines Vaters und die Unterhaltsfrage wurde ebenfalls geklärt. Meine Ausbildung konnte ich nun unbeschwerter fortsetzen. Meinen Vater begann ich ebenfalls zu suchen.

Die Ablenkung war so gut, dass ich einige Zeit überhaupt nicht mehr über mein körperliches Problem nachdachte. In einem Schlüsselerlebnis brach die Wunde jedoch wieder auf. Ein junger Mann gestand mir seine Liebe. Er war ein gut aussehender und netter Mann. Er lud mich zum Essen ein und fing an mir den Hof zu machen. Ich hatte noch nie eine Beziehung und keine sexuellen Erfahrungen. Die Vorstellung allein, mit diesem hübschen Mann eine Beziehung einzugehen, ließ in mir Beklemmungen hoch kommen. Ich flüchtete und erfand Ausreden. Ich war einfach nicht bereit für eine Beziehung. Ich fühlte mich schrecklich einsam. Der junge Mann verlor aufgrund meiner ständigen Ablehnung das Interesse an mir. Ich fühlte mich befreit, da ich keine Ausreden mehr erfinden musste.

Im zweiten Lehrjahr bekam ich viel Trinkgeld. Das gab mir die Freiheit Diskotheken zu besuchen. Es wurde ein Rausch zu tanzen und in dieser Zeit alles zu vergessen. Ich lernte Menschen kennen, mit denen ich eine Menge Spaß hatte. Oft waren sie um einiges älter als ich. Menschen in meinem Alter kamen mir wie kleine Kinder vor. Verwöhnte Gören, die noch nie in ihrem Leben um irgendetwas kämpfen mussten. Mein Interesse galt immer mehr den Frauen. Es gab Frauen, die ich in meinen Fantasien küsste und fest an mich drückte. Den Begriff lesbisch kannte ich damals noch nicht. In meiner kleinen Welt gab es zu diesem Zeitpunkt nur Beziehungen zwischen Mann und Frau. Also, dass ich irgendwie anders war, wie

die meisten Menschen, spürte ich schon länger.
Es war für mich nur nicht greifbar.

Vor Abschluss meiner Ausbildung erfuhr ich von
Angeboten für Frauen bei der damaligen
Nationalen Volksarmee, kurz NVA. Bei einem
drei-jährigen Dienst konnte man sich aussuchen,
in welcher Einheit man den Dienst absolvieren
wollte. Ich bewarb mich und wählte Berlin als
mein Wunschort. Das Bewerbungsverfahren,
das aus Allgemeinwissen und sportlicher
Eignung bestand, meisterte ich mit Bravur. Nun
blieb nur noch die Bedingung einer
abgeschlossenen Berufsausbildung offen. Es
motivierte mich nochmals Gas zu geben. Meine
Ausbildung beendete ich dann mit einem
befriedigenden Abschluss. Nach diesem
Abschluss erhielt ich kurze Zeit später meinen
Einberufungsbefehl nach Berlin. Das ließ mein
Herz höher schlagen! Weit weg von dieser
kleinen Stadt und weit weg von meinem
Elternhaus.
Die Überraschung war, dass ich in eine
Spezialeinheit für Verpflegung und

Kraftfahrzeuge der Bereitschaftspolizei einberufen wurde. Ich wusste nicht, dass diese Einheit der Bereitschaftspolizei der NVA untergliedert war. Das hieß grüne Uniform mit Polizeiemblem. Das war für die nächsten drei Jahre meine Dienstkleidung. Nach einem halben Jahr kasernierter Unterbringung mit Einzelzimmer und der Grundausbildung an der Waffe bekam ich meine eigene Wohnung in Berlin. Eine schöne moderne und neugebaute Einraumwohnung. Es begann ein neues Leben!

Nach der Grundausbildung wurde ich zum Oberwachtmeister befördert und erhielt eine Planstelle als Schichtleiter in der Küche. Mein Vorgesetzter Hauptmann und ich waren für die tägliche Versorgung von 1500 Soldaten zuständig. Mit meinen 19 Jahren war das eine Aufgabe, die mich wachsen ließ und wenig Raum freigab, um über meine persönlichen Sachen nachzudenken.
Für die nächsten drei Jahre hatte ich eine Dienstwohnung und eine Aufgabe, an der ich wachsen sollte.

Mit der Zeit lernte ich Berlin und seine Vielfältigkeit kennen. Es fiel mir nun sehr leicht, mich von alten beklemmenden Erinnerungen aus dem Dorf zu lösen. Ich konnte mir mein Leben neben meiner Arbeit endlich selbst gestalten.

In der Einheit weckte eine Frau mein Interesse. Sie wirkte immer fröhlich und arbeitete in der Kleiderkammer. Jede freie Minute sprachen wir über Gott und die Welt. Das führte dazu, dass ich mich das erste Mal in meinem Leben verliebte. Ich hatte Angst ihr das einzugestehen. Denn für mich war das nicht normal. Es lief so über ein halbes Jahr, dass wir uns öfter trafen. Eines Tages wagte ich den Schritt und küsste sie einfach. Sie erwiderte meinen Kuss und ich wusste, dass sie nicht abgeneigt war. Sie hatte genau wie ich keine Erfahrungen mit gleichgeschlechtlichen Beziehungen. Wir ließen uns treiben und folgten unseren Instinkten. Meine körperlichen Probleme waren wieder präsent. Ich konnte und wollte meinen Körper nicht akzeptieren. Das führte bald zum Bruch unserer gemeinsamen Beziehung. Für sie war die Sexualität zu einseitig. Sie wollte mich genauso berühren, wie ich es tat, aber ich ließ es nicht wirklich zu und hatte auch kein Gefühl dabei.

Im dritten Jahr meiner Dienstzeit schrieben wir das Jahr 1989. Eines Tages wurde in unserer Einheit ein Mannschaftsappell ausgerufen. Alle traten wir in unserer Dienstuniform an und lauschten den Worten des Kompaniechefs: „Ab sofortiger Wirkung wird die Einheit dem Kommando der BRD unterstellt!" Rums! Mir lief die Gänsehaut rauf und runter! 2 Tage zuvor war der Mauerfall, der für viel Spekulation sorgte. Keiner wusste, wie lange die Grenzen geöffnet bleiben würden. Ich selbst habe den Freudentaumel gesehen und war an diesem Abend am Brandenburger Tor. Es war überwältigend!! Mit Worten nicht wirklich zu beschreiben! Nun dieser Appell! Die Fahne der ehemaligen DDR wurde unter Ehrenbezeigung eingezogen und die Fahne der BRD gehisst. Das aufgebaute Feindbild des Kapitalismus war nun kein Pfifferling mehr wert. Das sozialistische System war gescheitert. Wir bekamen die Wahl unter dem neuen System weiter zu dienen oder unseren Dienst mit Ende des Monats zu beenden. Da meine 3-jährige Dienstzeit in zwei Monaten sowieso beendet gewesen wäre, beschloss ich zu gehen. Aufgrund der außerordentlichen Umstände durfte ich die Wohnung behalten. Diese galt nicht mehr länger als Dienstwohnung. Was für ein Glück für mich. Nach meiner offiziellen Verabschiedung als Oberwachtmeister der Bereitschaftspolizei begann ich den westlichen Teil Berlins zu erkunden.

Die ersten Besuche bescherten mir Kopfschmerzen von den vielen leuchtenden und bunten Reklamen und von dem Überangebot von allen möglichen Dingen. Nichts, was man wirklich brauchte. Alles war nur bunter und in riesigen Mengen vorhanden. Langsam begann ich mit dieser bunten schrillen Welt besser umzugehen. Die Kopfschmerzen wurden weniger und ich lernte schnell Menschen kennen, die in der BRD aufgewachsen waren. Ich war neugierig auf ihre Geschichten.

Ich kannte weder Gesetze noch Vorschriften dieses Landes. Wir wurden nicht darauf vorbereitet. Wir wussten nur, dass wir einen neuen Ausweis zu beantragen hatten und dass mit sofortiger Wirkung die Gesetze der BRD galten. Von jetzt auf gleich sollte ich eine neue Gesellschaftsform akzeptieren und verstehen, mit all seinen Vor- und Nachteilen. Ich begann durch die Gespräche herauszufinden, was wichtig war. Alles andere würde sich ergeben. Zuerst brauchte ich einen neuen Job. Ich begann ganz gezielt im westlichen Teil von Berlin Jobs anzunehmen. So lernte ich die hiesigen Gepflogenheiten sehr schnell.

Im Jahr 1992 bekam ich dann eine feste Anstellung beim Sicherheitsdienst der Berliner U-Bahnen. Im Untergrund lernte ich die verschiedensten Menschentypen kennen. Obdachlose, Kinder von Bahnhof Zoo,

Drogenabhängige, Drogendealer, waren
Menschengruppen, die ich vorher nie kannte.
Nun gehörten diese Menschen auch zu meinem
Arbeitsfeld. Ich lernte die Gesellschaft in der
geballten Form kennen. Der Sicherheitsdienst
hatte nur im U-Bahnbereich mehr als 1000
Mitarbeiter. Das U-Bahnnetz vergrößerte sich
durch die Vereinigung Deutschlands und es gab
viel zu tun.
Mit dem ständigen Kontakt von Randgruppen
der Gesellschaft bekam ich tiefe Einblicke über
die Probleme des Landes.
Wir konnten die Probleme nicht lösen, aber wir
konnten für ein Sicherheitsgefühl der
Menschen, die täglich mit der Bahn zur Arbeit
oder zu irgendwelchen Veranstaltungen fuhren,
sorgen. Die nächsten sieben Jahre sollte ich sehr
viel über Menschen erfahren.

In meiner Freizeit suchte ich mehr Frauenclubs
auf und ging hier und da eine Beziehung ein.
Alle scheiterten am selben Thema. Ich ließ
körperliche Berührungen wenig zu und fühlte
nichts. War es der falsche Weg mein Problem zu

lösen? Männer zogen mich nicht wirklich an. Den meisten Spaß mit Männern hatte ich, wenn sie kein Interesse an mir hatten.

Eines Tages wurde ich auf einen gemeinnützigen Verein aufmerksam, der die Interessen von gleichgeschlechtlichen Paaren und anders lebenden Menschen vertrat. An einem schönen Sonntag, beschloss ich dort einen Kaffee zu trinken. Als ich eintrat, saßen bereits einige Menschen an einem großen Tisch. Ein Mann erzählte seine Geschichte. Ich setzte mich dazu und lauschte seinen Worten. Er erwähnte, dass er früher eine Frau war. Ich verschluckte mich fast an meinem Kaffee! Was?? Dieser Typ war mal eine Frau?? Er trug einen Bart und hatte eine ansehnliche Ausstrahlung. Ich betrachtete ihn nun ganz aufmerksam. Ich konnte an ihm wirklich nichts Weibliches entdecken! Es gab noch zwei Frauen an diesem Tisch, die sehr männlich auf mich wirkten. Drei weitere Männer, die in Frauensachen da saßen und geschminkt waren, schienen ebenfalls aufmerksam dem Redner zuzuhören. War das vielleicht meine Lösung auf all meine körperlichen Probleme? Der Mann beendete seine Geschichte und alle begrüßten mich nun. Ich wusste nicht was ich sagen sollte. Nach der Frage warum ich da sei, antwortete ich, dass ich nach Lösungen für ein Problem suche.

Die Gruppe war tatsächlich eine Selbsthilfegruppe für transsexuelle Menschen. Ich hörte das Wort Transsexualität das erste Mal. Ich erfuhr, dass sich die Gruppe jeden Sonntag in diesem Club treffen würde. Später als die Runde zum gemütlichen Teil überging, setzte ich mich zu dem Mann, der seine Geschichte erzählt hatte. Ich löcherte ihn mit wirklich vielen Fragen. Es wurde spät und ich fuhr nach Hause. Zu Hause angekommen informierte ich mich über das Internet über das Thema Transsexualität. Es gab sogar ein Gesetz für transsexuelle Menschen. In mir blühte alles auf. Instinktiv wusste ich, das war meine Lösung für all meine seelischen und körperlichen Probleme. Ich war nun fast an jedem Sonntag im Club und holte mir alle Informationen, die ich bekommen konnte. Das Gesetz schrieb vor, wie man eine Angleichung von einen zum anderen Geschlecht vornimmt. Es wurden zwei unabhängige Gutachten gefordert. Die Gutachter mussten vom Gericht anerkannt sein. Sozusagen eine letzte Möglichkeit zu prüfen, ob man sich nicht irrte. Der Prozess für die Angleichung würde mehrere Jahre dauern oder könnte sehr schnell gehen. Es lag an jedem Einzelnen selbst. Ich spürte instinktiv, dass es meine Lösung war!

Ich besorgte die Anträge für die Vornamensänderung und ging auf medizinische Konferenzen, wo Fachärzte ihre Ergebnisse vorstellten. Jede noch so kleine Information holte ich mir ein. 1995 stellte ich meinen Antrag auf Vornamensänderung bei Gericht von Jenny auf Jonny. Mir wurden zwei Gutachter empfohlen, die ich aufsuchte. Diese Gutachter bescheinigten mir, dass ich genügend Intelligenz hatte, diese Entscheidung zu treffen und das bei mir zu 99 Prozent von Transsexualität ausgegangen werden müsse. Mit diesen

Gutachten wurde mein Antrag bewilligt und mein Vorname geändert. Der zweite Schritt für die geschlechtliche Angleichung von weiblich auf männlich erforderte laut Gesetz, dass man nicht mehr zeugungsfähig sein durfte. Das bedeutete operativer Eingriff. Ich entschied mich für eine komplette Angleichung bei dem besten Arzt auf diesem Gebiet. Ich hatte Glück und mir wurde die Operation bei meinem Wunscharzt genehmigt. Es war nicht selbstverständlich, bei diesem Arzt eine Bewilligung zu erhalten. Ich bekam sie und wurde schnell zu den ersten Untersuchungen eingeladen. Nebenbei begann ich unter ärztlicher Aufsicht männliche Hormone zu bekommen. Es dauerte nicht lange und ich wurde heiser. Erst glaubte ich, eine Grippe eingefangen zu haben. Das war jedoch nicht der Fall. Ich bekam einen Stimmbruch. Ich begann meine zweite Pubertät zu erleben.

Von den Mitarbeitern in der Firma wusste noch keiner von meinem Vorhaben. Drei Jahre arbeitete ich bereits da und genoss große Anerkennung für meine Arbeit. Hauptsächlich in Schlichtungsprozessen bei kritischen

Situationen. Außerdem hatte ich die Ausbildung der Frauen in der Selbstverteidigung übernommen. Ich wollte den Job nicht aufgeben. Also musste ich mit meinem obersten Chef über die Neuerungen sprechen. Ich hatte Angst vor dessen Reaktion. Der Termin stand und ich verkündete meinem Chef die Neuigkeiten und teilte ihm mit, dass er aufgrund meiner operativen Angleichung mit meinem Arbeits-Ausfall rechnen müsse.

Gefühlte fünf Minuten schweigen. Dann lächelte er und dankte für die Information. Ich solle nur die geplanten Ausfallzeiten rechtzeitig melden. Das war´s! Kein warum oder wieso. Ich war wirklich überrascht.

Nun blieb mir noch die Ankündigung bei der Mannschaft. Gleich am nächsten Tag teilte ich der Mannschaft meine Entscheidung mit.

Es bildeten sich zwei Lager. Einige, die es nicht verstehen konnten und andere die mich für meinen Mut bewunderten und mir viele Fragen stellten. Ich war den Menschen, die es nicht verstanden nie böse. Wie sollten sie das auch verstehen? Sie hatten nie den Leidensdruck und den Schmerz den ich in mir hatte.

Ich brauchte für die ganzen Prozesse der Angleichung ganze drei Jahre. Als die letzte Operation gut verlaufen war, feierte ich meinen zweiten Geburtstag. Ich fühlte mich wie neu geboren. Meine Seele, mein Körper und ich wurden zu einer Einheit, die sich stimmig anfühlte. Ich begann meinen Körper zu lieben. Alles war so, wie ich es mir immer vorgestellt habe. Mein Schmerz war weg und ich spürte eine neue Leichtigkeit. Meine Freude war so groß, dass fremde Menschen mich ansprachen und mich um meine Fröhlichkeit bewunderten. Es war einer meiner glücklichsten Momente! Ich habe diesen Schritt nie bereut!

Nach den Angleichungs-Prozessen von Frau zu Mann blieb ich bis 1999 weiter in dem Unternehmen als Mitarbeiter Jonny Herrmann. Heute führe ich eine wunderbare harmonische Beziehung mit meiner Lebensgefährtin und zukünftigen Frau. Ich liebe meinen Körper mit jeder einzelnen Narbe und jeder kleinen Andersheit. Das ist eine großartige Freiheit!

„Selbstheilung erfährst Du über den festen Glauben an Dich selbst."

Ich heile mich
Der dritte Schlüssel des Lebens

Bewusst diesen Satz als Wahrheit anzunehmen, wird Dich in die Eigenverantwortung für Deine Gesundheit bringen.
Wie soll das funktionieren?

Im ersten Schritt solltest Du wissen, dass wir Menschen die Fähigkeit haben uns selbst zu heilen. In schwierigen Fällen ist es jedoch immer ratsam fachlichen Rat zu holen. Es gibt neben Deinem Hausarzt viele alternative Angebote, welche sich der Naturheilkunde bedienen. Die Lehren der Naturheilkunde sind oft viel älter als die Schulmedizin selbst.

Du solltest für Dich entscheiden, wie Du Deine Heilprozesse unterstützen willst. Es ist immer an Dir zu schauen, was in Deinem Leben schief läuft.
Die Hauptursachen für Erkrankungen lassen sich in der Regel in deinem Lebenswandel finden. Du

bist es selbst, der sich krank macht. Deine Entscheidungen und Deine vielleicht falschen Überzeugungen sind es, die Dir Deine wertvolle Energie rauben und Dich schwächen.

Wenn Du zum Beispiel Deiner Familie einen hohen Lebensstandard geben möchtest und Du dafür einen anstrengenden Manager-Job angenommen hast, solltest Du Dich selbst fragen, wie gut Dir die Arbeit tut. Machst Du diesen Job nur wegen einer guten Bezahlung oder weil Dich die Arbeit fördert und Spaß macht?

Es gibt so viele Menschen, die ihre Arbeit hassen und trotzdem täglich aufstehen, um ihrer eigenen Existenzangst zu dienen. Es klingt hart, aber es ist eines der häufigsten Gründe, warum Menschen krank werden. Die Angst ist so groß, dass sie Stress in uns auslöst.

Dieser Stress sorgt für die Schwächung unseres Immunsystems! Was ist Dir wichtiger? Deine Gesundheit oder ein hoher Lebensstandard?

Fakt ist, wir streben nach immer mehr Reichtum in Form von
Geld. Geld darf als Energie fließen. Ja. Aber die Gesundheit geht vor. Was nützt Dir eine Million Euro auf dem Konto, wenn Du so krank bist, dass Dir die besten Ärzte nicht helfen können? Die Arbeit ist nur ein Beispiel.

Zerrüttete Beziehungen können ebenfalls krank machen. Es gibt Paare die wegen ihrer gemeinsamen Kinder die Ehe erhalten, obwohl sie sich schon lange nichts mehr zu sagen haben. Die Chemie stimmt einfach nicht mehr. Die einst schöne liebevolle Beziehung wird zu einer Zweckgemeinschaft. Auf Dauer eine stressige Situation, weil häufige Auseinandersetzungen meist Begleiterscheinungen sind. Ein emotionaler Stress, der ebenfalls eine Hauptursache für Erkrankungen sein kann.

Auch Beredungen von anderen Menschen können Dich erkranken lassen. Fünf Menschen in Deinem Umfeld haben auf einmal die Grippe. Nun liest Du in der Zeitung oder hörst im

Fernsehen, dass eine Grippewelle in Deiner Region ausgebrochen ist. Das reicht bereits, dass Du Dich nun gerade auch unwohl fühlst. Du passt Dich in diesem Moment Deinem Umfeld an.

Befreie Dich von diesen Beredungen und lege Deinen Focus auf die gesunden Menschen und nicht auf Menschen, die Dich mit ihrer Energie herunterziehen.

Finde den Splitter in Deiner Seele und ziehe ihn raus! Nur Du kannst Dich heilen. Freunde, Familie und auch Fachkräfte können Dich nur unterstützen. Die Erkenntnis der Hauptursache kann für Dich in den Heilprozessen hilfreich sein und spürbare Fortschritte bringen.

Mit ständiger Wiederholung des Schlüssels: „Ich heile mich", werden Deine Körperzellen entsprechend aktiv.

Dieser Schlüssel wird dich immer wieder zur Eigenverantwortung für Deine Gesundheit und Dein Leben motivieren.
Das selbst bestimmte Leben beginnt im Hier und Jetzt!

Zu oft zerfließen kranke Menschen in Selbstmitleid und haben die Gabe stundenlang ihre Krankheitsgeschichte zu erzählen. Sie wollen getröstet werden. Das ist ihre einzige Motivation. Gesund werden wollen sie jedoch nicht.

Ich selbst habe in der Zeit, als ich die Akademie des Live Coaching Centers (LCC) besuchte, ein Forschungsprojekt geleitet. Hierbei haben knapp 60 Teilnehmer fast täglich Versuche zum Thema kollektiver Geist und dessen Wirkung erforscht.

Gesundheitliche Themen waren ebenfalls Bestandteil dieser Forschungsarbeiten. Die Ergebnisse waren eindeutig! Wir hatten eine durchschnittliche Erfolgsquote von 92 %. Am Anfang glaubte ich noch an Zufälle oder an ein

Zusammenspiel von glücklichen Umständen. Da sich die positiven Ergebnisse häuften, konnten wir nicht mehr von Zufällen ausgehen. In diesen intensiven Jahren der Forschung produzierten wir Wunder um Wunder und halfen damit vielen Menschen.

Dass was in positiver Form Wirksamkeit hat, funktioniert auch in negativer Form. Mit gezielten Suggestionen werden Menschen in Ängste versetzt. Zum Beispiel wird das gerne verwendet, um Pflichtimpfungen zu rechtfertigen. Ich möchte hier jedoch keine Kampanien starten. Es geht nur darum, dass Du dieses Muster vielleicht erkennst, wenn Du dafür sensibilisiert bist.

Jeder kennt Beispiele aus der Werbung von pharmazeutischen Medikamenten. Es wird dargestellt, wie diese Medikamente helfen. Jedoch kennt niemand die tatsächlichen Nebenwirkungen von diesen chemischen Produkten. Denke mal darüber nach und mache Dir die Mühe und lese die Beipackzettel durch.

Nebenwirkungen werden nicht publiziert, weil sonst kein Mensch mehr diese Medikamente kaufen würde.
Es gibt genug pflanzliche Alternativen ohne Nebenwirkungen!

Wir sind mündige Menschen und können uns auf vielfache Weise selbst informieren. So möchte ich Dir ans Herz legen, alternative Medizin immer mit in Betracht zu ziehen. Bei Erkrankungen rate ich Dir mehrere Meinungen einzuholen. Wenn ein Arzt Dich nur mit Medikamenten für Deine Symptome behandelt, sei kritisch. Es geht schließlich um Deine Gesundheit.

Gesundheit ist überschüssige Energie. Bei Mangel an Energie (ausgenommen sind Unfälle und angeborene Erkrankungen) sind die Ursachen zu 99% in Deinem Lebenswandel zu finden.

Schreibe einmal auf, was Du hasst und was Du liebst. Überlege Dir Lösungen, wie Du die Dinge

die Du gar nicht magst eliminieren kannst. Du wirst sehen, dass Dein Leben nach und nach eine neue Lebensqualität bekommt.
Die sieben Schlüssel des Lebens greifen in alle Lebensbereiche. Das ist meine Absicht gewesen. Denn Deine Gesundheit ist auch ein Spiegelbild Deines Lebens. Es ist wichtig zu wissen, wer Du wirklich bist, was Deine Ziele sind und mit welchen Menschen Du Dein wertvolles Leben teilen möchtest.

Deine Instinkte sind ein wertvolles Instrument, das Dich mit Signalen vor Gefahren schützen kann. Lerne wieder auf Deine Instinkte zu hören. Der Verstand möchte allzu oft die Kontrolle behalten und lässt somit viel Potential an Dir vorüberziehen.

´Ich heile mich`, ist nun Deine neue geistige Haltung. Mit Präsenz und Häufigkeit wird Dein Immunsystem wieder gestärkt und Deine Selbstheilungskräfte ebenfalls aktiviert.
Schaffe Dir neue Ziele, die Du unbedingt erreichen möchtest.

Diese werden Dein Antrieb sein. Lege Deinen Focus ab sofort auf Lösungen für Deine Gesundheit statt auf Krankheit.

Lass Dich als Gewinner feiern und habe den Mut neue Wege zu gehen. Das Resonanzgesetz wird Dir behilflich sein. Du wirst andere Menschen als bisher anziehen. Diese werden Dich weiter bringen als je zuvor.

Das Resonanzgesetz ist eines der ehrlichsten Naturgesetze. Du bist im großen Energiefeld ein Sender und Empfänger. Alles ist Energie und Du bist ein Teil vom Ganzen.

Ich möchte Dir gerne eine Übung an die Hand geben. Schreibe auf Deine zur Verfügung stehenden Seiten folgendes:

- Wie oft bist Du im Jahr krank?

- Was hat zu Deinem Energiemangel geführt?

- Was waren die Auslöser für Deine Erkrankungen?

Du wirst nun im Teil 3 meiner Geschichte etwas über meine Nahtoderfahrung lesen. Diese Erfahrung war ein Schlüssel in meinem Leben, der mein rationales Denken veränderte und mich heute dazu antreibt, Menschen zu einem gesunden und glücklichen Leben bis ins hohe Alter zu motivieren.

Deine Seite:

Deine Seite:

Auszug aus meinem Leben
Teil 3

Wie im Teil zwei geschrieben, arbeitete ich im Sicherheitsdienst der Berliner U-Bahnen für eine große private Sicherheitsfirma, die den Auftrag der öffentlichen Verkehrsbetriebe Jahr für Jahr erhielt. Im Jahr 1999 erhielten wir die Nachricht, dass der Auftrag nicht verlängert wurde. Wir wurden auf Grund von Sparmaßnahmen für den öffentlichen Dienst zu teuer. Eine neue Sicherheitsfirma würde den Auftrag übernehmen. Ich war nicht bereit, für diesen Dumping-Lohn übernommen zu werden. In den letzten drei Jahren wurden die Auseinandersetzungen im Untergrund härter. Immer öfter waren Waffen im Spiel. Für mich ein Grund mehr, das wenig wertschätzende Angebot des neuen Unternehmens auszuschlagen. Mein Drang von der Welt etwas mehr zu sehen als Berlin und Umgebung veranlasste mich einen

Job zu suchen, der Auslandsreisen bezahlte und Vielfältigkeit bot. So kam es, dass ich mich zum Berufskraftfahrer umschulen ließ und die nächsten sieben Jahre im Fern-Verkehr eingesetzt wurde. Italien, Frankreich, Belgien und Holland gehörten zu meinen Routen. Mit diesen Touren lernte ich Menschen mit anderen Kulturen kennen. Am meisten war ich von dem Temperament der Italiener fasziniert. Die Kommunikation lief auch ohne Sprachenkenntnisse sehr gut.

Ich brachte neue Autos von sehr bekannten Marken ins Ausland und brachte neue Autos aus dem Ausland nach Deutschland. So lernte ich fast alle Automarken kennen.

Im Jahr 2000, als ich mich noch im Ausbildungsprogramm in Hamburg befand, fuhr ich, wie jedes zweite Wochenende, nach Hause. An einem dieser Wochenenden sollte sich mein Leben komplett verändern. Nach dem Unterricht in Hamburg fuhr ich mit meinem Auto über Uelzen Richtung A 24.

Diese Landstrecke war zum Teil sehr Kurvenreich und viele Bäume säumten den unbefestigten Straßenrand. Ich hatte Zeit und genoss wie immer die Fahrt. Es begann zu regnen. Ich fuhr gemütlich Kurve für Kurve die Landstraße entlang. Ich freute mich über meine abgeschlossene theoretische Prüfung für den LKW-Führerschein. Nächste Woche würde dann der praktische Teil beginnen. Noch hatte ich reichlich Respekt vor den großen 40-Tonnern. Bald würde ich so ein Monstrum selbst bewegen. Meine Vorfreude war groß.

Plötzlich kam mir in einer der Kurven ein PKW entgegen und das auf meiner Seite! Ehe ich überhaupt reagieren konnte, nahm ich einen lauten Knall wahr. Im nächsten Moment befand ich mich in einem Licht, dass ich vorher so noch nie gesehen hatte! Was für ein traumhaft schönes Licht!! Es war anders als das Sonnenlicht. Ich konnte hineinschauen und bemerkte unendlich viele glitzernde Elemente. Es sah aus wie Millionen von kleinsten Diamanten. Unter mir konnte ich nichts sehen.

Über meinem Kopf erstreckte sich das Licht unendlich weit nach oben. Ich versuchte das Licht zu berühren. Es ging nicht. Es war sehr nahe, aber wohl doch zu weit entfernt. Dann spürte ich eine unheimliche Ruhe und Wärme. Es war ein sehr angenehmer Moment. Die Ruhe war sehr außergewöhnlich. Ich hörte nichts! Nicht mal mein Puls oder mein Herzschlag waren zu hören. In mir stieg die Frage auf, ob ich tot war. Das ließ in mir eine Angst hoch steigen. Ich wollte nicht Tod sein!

Als ich diesen Gedanken zu Ende dachte, befand ich mich auf einmal wieder im Auto. Ich nahm wahr, dass sich einige Schaulustige versammelt hatten. Ich begann meine Situation zu analysieren. Ich konnte mich nicht vom Fahrersitz erheben und aussteigen. Mein rechtes Bein fühlte sich an, als wenn es nicht mehr zu mir gehörte. Im Auto gefangen verfolgte ich, was um mich herum geschah. Ich fühlte keine Schmerzen. Nach dem Eintreffen der Feuerwehr hörte ich, dass die Rettungskräfte einen Hubschrauber orderten.

Nach einer halben Ewigkeit landete der Hubschrauber. Ich wurde mit einer Infusion schlafen geschickt und wachte erst wieder auf der Intensiv-Station vom Schweriner-Unfallklinikum auf.

Als ich wieder Aufnahmefähig war, eröffnete mir der Arzt, in welchem Zustand ich mich befand und dass ich circa ein halbes Jahr brauchen würde um wieder einen Normal-Zustand zu erreichen. Anhand einer DIN A4 Seite erfuhr ich meine Diagnosen. Meine beiden Beine und Arme waren gebrochen, meine Hüfte war aus der Pfanne gesprungen, meine Pankreas hatte eine schwere Prellung abbekommen und so weiter. Dafür, dass ich mir als Kind nie etwas gebrochen hatte, war nun alles kaputt. Ich war so viele Jahre nicht krank und dann so etwas? Außerdem sollte in der nächsten Woche der praktische Teil meiner Ausbildung beginnen.

Ich musste also schnell gesund werden. Sechs Monate war für mich viel zu lange!

Mit diesen Gedanken habe ich wohl meine Selbstheilungskräfte aktiviert. Die Heilungsprozesse liefen schneller als die

Fachärzte erwarteten. Die Ärzte sprachen von einer wundersamen Heilung. Mit 62 kg Körpergewicht verließ ich nach drei Monaten selbst gehend das Krankenhaus. In Berlin ging ich zu den Nachkontrollen. Bis zum heutigen Tag habe ich außer Narben, keine bleibenden Schäden zurückbehalten.

Mein Wille war so groß, dass ich meine Ausbildung von vorn begann und schließlich sieben Jahre im Fernverkehr als Berufskraftfahrer tätig war. Im LKW hatte ich viel Zeit über die Ereignisse nachzudenken. Was war das für ein unglaubliches Licht??
Ich begann mit Recherchen, indem ich Geschichten von Menschen las, die ebenfalls Nahtoderfahrungen hatten. Das Licht fand in unterschiedlicher Auslegung immer wieder Erwähnung. Über diese Geschichten kam ich auf wissenschaftliche Studien über Energie im menschlichen Körper. Quantenphysik und Neurobiologie gesellten sich dazu. Meine Überzeugungen galten vorher nur dem, was ich sehen oder fühlen konnte und wissenschaftlich

erklärbar war. Von Spiritualität oder gar Esoterik hatte ich vorher nie etwas gehört.

Mit meiner eigenen Nahtoderfahrung änderten sich meine Interessen und auch meine Wahrnehmungen. Mein Leben wurde mir wichtig. Vor allem begann ich zu hinterfragen, ob das Leben so wie es für mich war, alles gewesen sein sollte. Warum war ich überhaupt auf diesem Planeten? Wer bin ich? Was ist meine Aufgabe?

Ich begann mich mit den existenziellen Fragen des Lebens auseinanderzusetzen. Ich wünsche niemanden diese Erfahrung, um sich diese Fragen bewusst zu stellen. Aber die Suche nach den Antworten veränderte bereits mein Leben.

„Dein eigener

Wert

lässt sich durch

Dein

wahres ICH

bestimmen"

Ich bin wertvoll
Der vierte Schlüssel des Lebens

Ein wunderschönes Beispiel für den Wert eines Menschen, las ich auf der Geburtskarte meiner Lebensgefährtin. Auf dieser Karte war eine Waage abgebildet mit dem Spruch:
„Mit Gold nicht aufzuwiegen."
Eine sehr treffende Aussage für ein neugeborenes Menschenkind.

Wir alle unterscheiden uns durch Individualität. Jeder von uns hat besondere Fähigkeiten und Talente. Es sind vergängliche äußerliche Werte. Ja, vergänglich! Nehmen wir einfach einmal an, dass Du in jungen Jahren ein hervorragender Läufer warst. Deine Leistungen wurden mit Medaillen wert geschätzt. Heute bist Du voll im Arbeitsleben und kannst diese Leistungen nicht mehr abrufen. Ein vergänglicher Wert.

Dein für Dich selbst bestimmter innerer Wert ist hingegen niemals vergänglich!

Das ist der große und bedeutende Unterschied
zu innerlichen und äußerlichen Werten.

Damit erklärt sich, dass dein wahrer innerer
Wert nicht an Deine Fähigkeiten und
Begabungen gekoppelt ist.
Lege Deinen Wert selbst fest und lasse Dich von
Deinem Umfeld nicht bewerten. Was sind die
inneren Werte, die Dich so einmalig machen?

- Ist es Dein Mut, Deine Wege zu gehen?
- Ist es Deine besondere Liebe zur Natur
  und zu den Tieren?
- Kannst Du besonders schnell Situationen
  analysieren?
- Hörst Du auf Dein Herz?
- Wie nimmst Du Deine Außenwelt war?
  (positiv oder eher negativ?)
- Hast Du die Stärke auch einmal gegen
  den Strom zu gehen?

Das sind nur einige Fragen und Beispiele, die Dir
helfen, Deine eigenen wirklichen inneren Werte
zu erkennen.

Der Glaube an Dich selbst steht in direkter Verbindung mit Deinen inneren Werten. Beginne Deine innere Schatztruhe zu öffnen.

Mit dem Bewusst werden Deiner wirklichen Werte, wird es Dir um einiges leichter fallen, Dich selbst schätzen zu lernen. Es ist dabei völlig egal, was andere Menschen in Deinem Umfeld denken oder sagen.

Das ist wirklich die unabhängige Freiheit!

Deine Sichtweisen werden geprägt in Verbindung mit Deinen inneren Werten. Würdest Du zum Beispiel mit Angst barfuß über glühende Kohlen laufen? Wohl eher nicht.

Mit Mut sieht das schon ganz anders aus. Da wird eher die Frage kommen: „Wie funktioniert das?" Dich würde sicher die Neugier packen, um einen eigenen Versuch zu starten für eine eigene Erfahrung.

Wenn du fest an Deine eigenen inneren Werte glaubst, kann niemand diese mit Bewertungen und Verurteilungen in Frage stellen.

Mit der Erkenntnis, was Dein Wert ist, wirst Du eine neue Sicherheit erfahren. Deine Körpersprache, Deine Kommunikation und Dein Selbstwertgefühl eröffnen Dir neue Wege.

In allen Lebensbereichen ist dieser Schlüssel ein unschätzbarer Wert. Es ist wichtig sich wertvoll zu fühlen, denn so kann man anderen Menschen ebenfalls wertschätzend begegnen. Was sich im Inneren ändert, wird auch in Deinem Außen sichtbar.
Durch Deine neue wertschätzende Art, wirst Du sicher interessante Menschen kennen lernen.

Du machst Dich unabhängig vom Lob anderer Menschen. Wie oft hast Du Dich schon verbogen, um ein wertschätzendes Wort zu bekommen? Schluss damit!

Erhebe Dich aus der gebückten Haltung!

Du bist ein wertvoller Mensch in Deiner Einzigartigkeit! Lasse nicht zu, dass Deine Glaubenskraft mit abfälligen Äußerungen zerstört wird. Jedes Problem wirst Du in Zukunft mit einer neuen Qualität lösen.

Ich möchte Dir gerne eine Übung an die Hand geben. Schreibe auf Deine zur Verfügung stehenden Seiten folgendes:

- Was sind für Dich Deine inneren Werte?
- Frage Deine Familie und besten Freunde, was sie an Dir besonders schätzen.

Deine Seite:

Deine Seite:

„*Selbstbewusst bist Du, wenn es Dir egal ist, was andere Menschen über Dich sagen oder denken*"

Ich bin selbstbewusst
Der fünfte Schlüssel des Lebens

Was für eine Aussage! Kennst Du das? Du hast etwas Wichtiges mitzuteilen und Du traust Dich nicht?

In der Schule war es schon eine Peinlichkeit, wenn man ein Gedicht vor der Klasse vortragen sollte und dann ausgelacht wurde! Immer die Angst im Nacken, was die Anderen sagen würden, wenn Du Deine Meinung präsentierst!

Nein, wirklich keine schönen Gefühle. Werde ich doch lieber Mitläufer und mir bleiben Diskussionen erspart. So oder ähnlich sind viele Menschen geprägt.

Diese Erfahrungen lassen Menschen weit hinter ihren eigentlichen Möglichkeiten. Ja, ich kann selbst davon ein Lied singen. Als Kind wurde mir gepredigt, dass ich Sendepause habe, wenn sich Erwachsene unterhalten. Lange habe ich gebraucht, mich von diesem einengenden Muster zu befreien. Ich fühlte mich lange sehr klein und unwichtig.

Es geschah oft, dass ich mich als Mitspieler widerfand, obwohl ich anderer Meinung war. Mir fehlte der Mut zu widersprechen. Diese inneren Gefühle der Beklemmung und Traurigkeit über meine fehlende Courage lösten sich bei mir erst auf, als ich im Arbeitsleben stand.

Mit der Aufgabe als Schichtleiter in der Küche mit 19 Jahren, bekam ich nach und nach mein Selbstbewusstsein zurück. Jede Entscheidung die ich traf, hatte ich auch zu vermitteln. Am Anfang bekam ich noch eine Menge Gegenwind. Für viele war ich ein „Grünschnabel". Keine großen Erfahrungen im Küchenbereich, aber Schichtleiter! Ha ha ha ....
Das war gefühlt mindestens fünf Nummern zu groß!
Meine Vorgesetzten der Einheit trafen die Entscheidung, mich in die Verantwortung für die

Verpflegung von 1500 Menschen täglich zu nehmen. Als ich von der Entscheidung erfuhr, ging mein Selbstbewusstsein in den Urlaub. Es war einfach nicht mehr da.

Ich hatte Dienstpläne und Essenspläne zu erstellen. Menschen die bereits Chefköche von renommierten Hotels waren und Erfahrungen hatten, waren mir unterstellt. In dieser Einheit schien alles möglich. Ich musste nun einen Weg finden meine Unwissenheit zu minimieren.

Mein vorgesetzter Hauptmann half mir bei der Einarbeitung. In der Küche ließ ich mir alles zeigen. So wuchs Tag für Tag mein Selbstbewusstsein. Die Köche begannen Freude daran zu finden, ihr Fachwissen zu vermitteln. Bald wurden wir ein gutes Team.
Da die Köche Reservisten waren, wurden sie nach sechs Monaten wieder entlassen und ich bekam neue Köche. Ich selbst hatte mich bereits so gut eingearbeitet, dass ich Entscheidungen selbst traf. Die höchste Auszeichnung war, wenn Vorgesetzte bei der Abschiedsfeier der

Reservisten geladen wurden. Bei jeder Abschiedsfeier wurde ich geladen.

Nach meinen drei Jahren Dienstzeit konnte ich für mich einiges Wissen mitnehmen. Kochen ist für mich heute noch eine Leidenschaft.

Aus der kleinen Maus wurde eine selbstbewusste Persönlichkeit, die sich durchsetzen konnte und wahrgenommen wurde.
Egal ob Du in einem Mauseloch steckst, komm heraus und werde sichtbar.
Sage Deine Meinung und beginne alles zu hinterfragen. Wir können nicht alle gleicher Meinung sein. Es wird immer Menschen geben, die Dir widersprechen. Aber vielleicht ist der eine oder andere Widerspruch konstruktiv für Dich.
Bedenke, dass jeder von uns eigene Lebenserfahrungen gesammelt hat. So entstehen unterschiedliche Überzeugungen. Differenzen geben Dir die Chance, Deine

Meinung noch einmal zu überprüfen. Es ist an Dir anzunehmen oder nicht.

Werde Dir Deiner Selbst bewusst!

Große Denker und Forscher sind manchmal über Jahre hinweg gegen den Strom der Bevölkerung geschwommen. Heute sind ihre Lehren aus unserem Allgemeinwissen nicht mehr weg zu denken.

Wir wollen geliebt, akzeptiert und gehört werden. Das ist ganz normal. Aber bist Du davon abhängig? Freiheit beginnt mit Unabhängigkeit.

Glaube an Dich selbst!

Selbstbewusste Menschen haben einen geraden Gang. Die Körpersprache ist nicht die einer bittenden Maus sondern die eines Löwen. Wenn Du zum Beispiel als Löwe bei einem Bewerbungsgespräch erscheinst, ist die Chance um ein vielfaches größer, als wenn die Maus um eine Stelle bittet.

Jeder Unternehmer präsentiert sein Unternehmen mit seinen Mitarbeitern. Mit anderen Worten, er möchte mehr Löwen als Mäuse in seinem Unternehmen haben.

Entscheide Dich noch heute, im Hier und Jetzt, Deine wahre Größe zu erkennen und anzunehmen. Du wirst staunen, was für eine Resonanz Du bekommen wirst!

Jede einzelne Zelle Deines Körpers wird die Schwingung des neuen Selbstwertgefühls aufnehmen und Dich sichtbar machen. Sehe Dir die Mentalität eines Siegers an. Beobachte deren Körperhaltung und Ausstrahlung.
Nun eine gute Nachricht: Auch Du bist ein Sieger!

Du bist bereits als Sieger geboren worden. Du warst ein Sperma unter Millionen Spermien. Du warst am schnellsten, am stärksten und hast Dich als Einziger durchgesetzt! Ja das bist Du, ein Sieger!

Viele haben es einfach nur vergessen. Wache auf und schreite selbstbewusst Deinen Weg. An Hindernissen wirst Du wachsen!

Ich möchte Dir gerne eine Übung an die Hand geben. Schreibe auf Deine zur Verfügung stehenden Seiten folgendes:

- Stelle Dich vor einen Spiegel, beobachte Dich und schreibe auf, was Du siehst. Siehst Du einen Löwen oder eine Maus?

- Nimm Deine Stimme auf Tonband auf. Lasse es abspielen und schreibe auf, wie Du Deine Stimme wahrnimmst, stark oder schwach?

- Schreibe Deine selbstbewusstesten Momente Deines bisherigen Lebens auf.

Deine Seite:

Deine Seite:

Auszug aus meinem Leben
Teil 4

Nach meinem Unfall und meiner Nahtoderfahrung beendete ich erfolgreich meine Ausbildung als Berufskraftfahrer. Da die Stellenangebote in Bayern um einiges besser waren, zog ich nach Mittelfranken. Von nun an begannen meine Touren von dem Ort Wolnzach ins Ausland.

Sieben Jahre verbrachte ich nun mehr im Ausland als zu Hause. Im Urlaub und an Wochenenden ging ich meinen Hobbys nach. In diesem Dorf in Mittelfranken lernte ich eine Frau mit ihrer 3-jährigen Tochter kennen. Sie hatte kein Problem, dass ich die ganze Woche nicht zu Hause war. Nach drei Jahren gemeinsamer Beziehung heirateten wir. So gut ich es konnte, versuchte ich für das Mädchen ein Vater zu sein. Gut war, dass sie regen Kontakt mit ihrem richtigen Vater haben konnte, der ebenfalls Fernfahrer war.

Ich hatte bei meinen langen Touren viel Zeit nachzudenken. Es wurde Zeit für Veränderung. Die sozialen Kontakte waren fast alle abgebrochen, da ich wenig Zeit hatte. Die Ehe war ebenfalls in die Schieflage geraten. Ich hatte das Gefühl, dass das Leben mir klar machen wollte, dass es noch mehr gab, als das was ich gerade tat. Ich wurde so unglücklich, dass ich letzten Endes die Stelle kündigte und wieder begann einen normalen Tagesjob in der Nähe meiner Wohnstätte anzunehmen.

Ich lernte wieder mein zu Hause zu schätzen. Ich genoss das eigene Bad und die eigene Küche. Die Ehe scheiterte und ich zog in eine eigene Wohnung um wieder zu mir selbst zu finden. Ich lernte meinen Mentor und Mentaltrainer Ewald Schober kennen, der mir zwei Jahre Monat für Monat beibrachte, wie der Mensch tickt. Von vielen Dingen hatte ich noch nie gehört. Diese Zeit öffnete in mir so viele Türen, dass es unmöglich war, gleich alles annehmen zu können. Innerhalb seiner Akademie konnte ich dann eine Forschungsgruppe zum Thema kollektiver Geist und dessen Wirkung leiten. Es war eine sehr spannende Zeit mit unglaublichen Ereignissen.

Diese intensiven zwei Jahre brachten mich zur Entscheidung mich selbstständig zu machen. Ich gründete die Agentur Leben. In dieser Zeit lernte ich meine heutige Lebensgefährtin kennen. Sie begleitete mich ein komplettes Jahr bei dieser Akademie des Life Coaching Centers. Nach den zwei Jahren ging ich meine eigenen Wege des Coachings. Meine Lebensgefährtin und ich zogen zurück nach Berlin. Hier blieben wir zwei Jahre. Da meine Lebensgefährtin auch selbstständig war und ist, konnten wir unsere gemeinsame Zeit prima planen. Berlin hat so viele Fassetten, dass wir beide sogar begannen Rollen für verschiedene Filmprojekte zu übernehmen. Schauspiel wurde für mich zu einem Hobby. Gute zwei Jahre wirkte ich in Serien, Kinofilmen, Musikclips und Kurzfilmen mit. Mein inneres Kind wollte spielen und ich ließ es gerne zu. Ich lernte mich vor der Kamera zu bewegen, Gefühle auszudrücken und meine

Mimik einzusetzen. Auch großartige Regisseure dürfte ich kennen lernen. Ich selbst sehe mich heute als Regisseur meines Lebens.

Meine Lebensgefährtin und ich hatten noch einen Traum. Dort leben wo es warm ist. Wir begannen gemeinsam, für uns in Betracht kommende Länder näher anzuschauen. Spanien wurde immer mehr zum Mittelpunkt. Klimatabellen und Länderberichte gaben uns erste Orientierungen. Nach vielen Gesprächen wurde unsere Entscheidung gefällt. Wir wanderten in Mai 2017 nach Spanien aus. Wir nahmen nur alles mit, was uns wichtig war und in unser Auto passte. Möbel und viele andere Sachen ließen wir in Berlin.
Seitdem leben wir glücklich mitten in der Natur im warmen Andalusien an der Costa del Sol im Landesinneren.

Die Natur hat unser Leben umgekrempelt. Die Agentur Leben wurde erweitert mit dem Bereich: „Back to Nature." Wir haben das Innen und das Außen miteinander verknüpft und bilden nun auch in unserem Unternehmen eine harmonische Einheit.

Wir lernen spanisch und sind bestrebt, immer mehr Kontakte zu den Einheimischen zu finden. Die ersten Türen haben sich bereits geöffnet. Auch zu anderen Auswanderern haben wir bereits tolle Kontakte. Nachdem wir hier nun fast ein Jahr leben, haben wir den ersten Mut-Point in Spanien eröffnet.
Die Angebote unserer Agentur Leben und die Mut-Botschaft werden der Mittelpunkt unserer zukünftigen Arbeit hier in Spanien sein.

*„Du bestimmst
jeden Tag
selbst,
ob Du glücklich
sein willst"*

Ich bin glücklich
Der sechste Schlüssel des Lebens

Ich beobachte gerne Menschen. Wenn es meine Zeit erlaubt, nehme ich Gelegenheiten war, in einem Café zu sitzen und die Mimik, die Gestik und die Bekleidung anderer Menschen anzuschauen.

Es gibt immer noch so viele Menschen, die nicht strahlen. Kein Lächeln, keine strahlenden Augen und die Kleidung eher zufällig gewählt. Die Menschen wirken eher unzufrieden, nicht glücklich.

Es sind vereinzelte Menschen, die aus der Masse herausstechen, weil sie von innen heraus eine wunderbare Ausstrahlung haben.

Glücklich sein ist kein Privileg für Einzelne! Jeder Mensch hat das Recht auf ein gesundes und glückliches Leben.

Warum sind Menschen in armen Regionen oft glücklicher als in hoch industrialisierten Gesellschaften?

Ist unsere Ellenbogengesellschaft schuld daran, dass viele Menschen gestresst und ausgelaugt wirken? Ich sage nein! Wir sind es selbst, die zulassen, dass wir mehr und mehr haben wollen.

Wir streben nach einer nicht erreichbaren Perfektion, nach mehr Geld und Besitz. Wann ist es genug? Ist es dann genug, wenn unsere Gesundheit zusammenbricht und wir die gehorteten Dinge nicht mehr nutzen können? Wann bist du glücklich? Was macht dich glücklich? Ist es das schicke Auto, das Haus, das Boot oder das Geschäft?

Oder ist es eher eine harmonische Partnerschaft, ein gesunder Körper und ein gutes Auskommen, das dir die Freiheit gibt, für Projekte investieren zu können um Mensch, Tier und Natur einen Mehrwert zu bringen?

Als was möchtest du sterben? Als Geizhals der gehortet hat oder als eine bekannte Persönlichkeit, die Mehrwert geschaffen hat?

Fakt ist, zur nächsten Ebene, wenn wir die Erde verlassen, werden wir nichts mitnehmen können.

Die breite Masse sind Konsumenten, die täglich mit Werbungen verschiedenster Art konfrontiert wird. Es ist bewusst gesteuert, damit Du viel mehr kaufst, als Du tatsächlich brauchst. Die Monopole geben sehr viel Geld aus, damit Du kaufst. Du allein kannst es stoppen.

Beginne zu überlegen, was Du wirklich für ein glückliches Leben brauchst. Ich möchte, dass Du zu den glücklichen Menschen gehörst.

Gönne Dir einmal eine 4-wöchige Auszeit von sämtlichen Medien und sozial Media. Ein Urlaub mit einer Reise zu Dir selbst. Du wirst erstaunt sein, was Du auf einmal alles wahrnimmst.

Es sind die kleinen Dinge im Leben, die Dir ein Lächeln ins Gesicht zaubern können.

Es ist eine tolle Begegnung mit einem wunderbaren Menschen, der Dir wertvolle Impulse bringen kann. Es kann auch mehr Zeit für die Beziehung sein, die eine neue Qualität bekommen kann. Vielleicht lernst Du durch Kommunikation neue Freunde kennen, die dich weiter bringen können. Ich könnte unendlich fortfahren.

Meine Frau und ich haben den Fernseher nur noch in den seltensten Fällen an. Der Fernseher ist eher zum Staubfänger geworden. Die meiste Zeit verbringen wir draußen und genießen die Freiheit in Andalusien leben zu können.

Viel Sonne, Obst und Gemüse frisch aus dem Garten und einen Pool, wenn es heiß wird. Durch Miete gönnen wir uns die Freiheit jeder Zeit weiterziehen zu können und in keinen Abhängigkeiten zu sein. Wir sind glücklich, die Entscheidungen so getroffen zu haben.

Es gibt Menschen mit starken körperlichen Einschränkungen, die mit ihrer tollen Lebenseinstellung ganze Säle von begeisterten Menschen füllen. Wahre Größen, die ihre eigene göttliche Schöpferkraft entdeckt haben und diese leben!

Meiner Meinung nach wird oft auf sehr hohem Niveau gejammert. Besinnen wir uns auf das, was wir wirklich brauchen um gesund und glücklich bis ins hohe Alter leben zu können.

Dieser Schlüssel wird Dich nun jeden Tag daran erinnern, nach den Dingen Ausschau zu halten, die Dich glücklich machen.

Sicher gibt es immer Momente im Leben, die nicht schön sind. Aber verweile nicht zu lange in solchen tristen Momenten.

Nutze die Vielfalt Deiner Möglichkeiten jeden Tag glückliche Augenblicke zu haben. Löse Dich von sogenannten „Energie-Räubern", die Dich ständig herunterziehen. Wenn Du überschüssige Energie hast, kannst Du gerne etwas abgeben.

Bist Du jedoch in einer Situation, wo Du selbst mit Deiner Energie haushalten musst, suche Dir die Menschen, die Dich mit ihrer Energie vorantreiben können. Positive Menschen, die Dir glückliche Momente schenken können. Verplemper nicht Deine wertvolle Zeit mit ständigen Jammerern. Menschen die ihren Focus nur auf Probleme lenken statt auf Lösungen.

Du hast es selbst in der Hand, Deine Freizeit so zu gestalten, wie Du es möchtest. Beginne Dein Leben wieder selbst zu bestimmen!

Wenn Dich Dinge aus der Vergangenheit daran hindern glücklich zu sein, dann lasse los. Du kannst die Vergangenheit nicht mehr ändern. Niemand kann das. Schließe Frieden um Deiner selbst willen. Im Hier und Jetzt findet das Leben statt. Nur im Hier und Jetzt kannst du die Samen legen für Deine Zukunft. Du hast sicher einen oder mehrere Gründe glücklich zu sein.

Ich möchte Dir gerne eine Übung an die Hand geben. Schreibe auf Deine zur Verfügung stehenden Seiten folgendes:

- Was waren Deine glücklichsten Augenblicke in Deinem Leben?

- Welche Dinge machen Dich wirklich glücklich?

Deine Seite:

Deine Seite:

„Dankbarkeit

ist die größte

Anerkennung

für Leben"

Ich bin dankbar
Der siebente Schlüssel des Lebens

Dankbarkeit ist ein großes Thema für die Menschen.

Im Kindergarten lernen wir bereits Danke und Bitte. Fast in jeder Fremdsprache sind das die ersten Worte, die vermittelt werden.

Trotzdem beobachte ich, dass die Dankbarkeit weniger geworden ist. Ist unsere Gesellschaft so schnelllebig geworden, dass wir keine Zeit mehr haben Dankbarkeit auszudrücken? Oder sind viele Dinge einfach schon selbstverständlich geworden?

Dankbarkeit löst Emotionen aus, setzt Kräfte frei und ist motivierend. Beginne damit Dir selbst dankbar zu sein.
Jeder kleine Erfolg in Deinem Leben, der Dich nach vorn gebracht hat, ist Grund genug, Dir selbst dankbar zu sein.

Es gibt Völker, die ihre Dankbarkeit ausdrücken, dass sie täglich Essen und Wasser haben. Es gibt Menschen die täglich dafür danken, dass sie gesund sind.

Werde Dir bewusst, wenn Du Dankbarkeit erwartest, dann sei selbst dankbar.

Oft lernen wir echte Dankbarkeit erst dann kennen, wenn wir zum Beispiel knapp einer Katastrophe oder einem Unglück entgangen sind. Muss es erst zu solchen Situationen kommen, damit wir Dankbarkeit in unserem Leben integrieren? Ich bin für sehr viele Kleinigkeiten im täglichen Leben dankbar.

Dankbarkeit beginnt im Herzen!

Klopfe Dir anerkennend auf die Schulter für Dein heutiges Sein. Nur Du selbst hast es geschafft da zu sein, wo Du heute stehst.
Du hast auf Deinem Weg sicher die Hilfe von tollen Menschen in Anspruch genommen, um

Dein Leben selbst bestimmen zu können. Du kannst und darfst für Deine Entscheidungen dankbar sein.

Jede Veränderung beginnt mit Deiner Entscheidung.

Oft genug geht an Dich die Frage ja oder nein. Für beide Antworten braucht es Mut. Auch ein nein, kann Dich stark gemacht haben.

Es ist immer an Dir, denn alles beginnt bei Dir!

Lerne jeden Tag am Abend für das zu danken, was Du hast und was Dir gutgetan hat. Und wenn es das Danken ist, dass Dich Deine Füße dorthin getragen haben, wohin Du wolltest. Sei dankbar, dass Du sehen, fühlen, hören, schmecken und viele Dinge mehr tun kannst. Dankbarkeit ist eine Lebenseinstellung, die Dich glücklich und zufrieden sein lässt.

Dankbarkeit bringt eine wunderbare Fülle in Dein Leben.

Ich möchte Dir gerne eine Übung an die Hand geben. Schreibe auf Deine zur Verfügung stehenden Seiten folgendes:

- Für was bist Du Dir selbst dankbar?

- Formuliere jeden Abend, bevor Du ins Bett gehst, wofür Du an diesem Tag dankbar bist.

Deine Seite:

Deine Seite:

Ich möchte mich nun bei Dir bedanken, dass Du das Buch bis zum Ende gelesen hast. Du kennst jetzt die sieben Schlüssel des Lebens. Du hast die Möglichkeit Deinem Leben mit diesen Schlüsseln eine neue Richtung zu geben. Du brauchst nur noch zu beginnen!

- Ich liebe mich!
- Ich liebe meinen Körper!
- Ich heile mich!
- Ich bin wertvoll!
- Ich bin selbstbewusst!
- Ich bin glücklich!
- Ich bin Dankbar!

Bist Du bereit für Deine ganz individuelle und persönliche Veränderung? Beginne jetzt!

Schlusswort

Liebe Leserin, lieber Leser

In der Einfachheit habe ich die Lösung gesucht.
Der Lebenstransformer ist die Möglichkeit
Veränderungen zu jederzeit herbeizuführen.
In unserer Welt werden Lösungen immer
komplexer. Ist das notwendig? Nein!

Diese sieben Schlüssel verstehen sogar unsere
Kinder. Früher sprach man vor jedem Essen ein
Gebet. Hier ist nun ein neues Tischgebet für die
ganze Familie.

DU BIST EIN GEWINNER!

Dein Lebensprofiler
Jonny Roger Herrmann

Zeitfracht Medien GmbH
Ferdinand-Jühlke-Straße 7
99095 Erfurt, Deutschland
produktsicherheit@kolibri360.de